石破茂の「頭の中」

鈴木哲夫 著

ブックマン社

石破茂の「頭の中」増補版によせて

石破茂はこれまでに5回、総裁選に挑戦している。長年、石破の取材を続けてきた私がそれぞれの挑戦を今、あえて勝手に名付けるとすれば……。

1回目の総裁選への挑戦は、2008年。福田康夫総理退陣に伴う選挙だった。自民党がこの時の選挙につけたスローガンは、「政策論争12日間。」。石破にとっては、**「冒険であり挑戦！　次の一歩のための総裁選」**であっただろう。

●投票結果

麻生　太郎	候補	351票	（議員票	217票／都道府県票	134票）
与謝野　馨	候補	66票	（議員票	64票／都道府県票	2票）
小池百合子	候補	46票	（議員票	46票／都道府県票	0票）
石原　伸晃	候補	37票	（議員票	36票／都道府県票	1票）
石破　茂	候補	25票	（議員票	21票／都道府県票	4票）

総裁選4度目の挑戦であった麻生太郎が、第23代自民党総裁に選ばれた。

2回目の挑戦は、2012年9月。2009年に自民党が野党に転落してから3年。谷垣禎一総裁の任期満了に伴う選挙だった。この間に東日本大震災（2011年3月）という激甚災害が起き復興が進んでいなかったこともあり、与党・民主党への国民の不信感はいよいよ膨らんでいた。ここで再び自民党が政権奪取へ、という空気の中で、いつもとは違う緊張感に包まれた総裁選であった。

石破以外の立候補者は、安倍晋三、町村信孝、石原伸晃、林芳正。自民党がつけた選挙のスローガンは、「日本を、取り戻す。」だった。

石破は2009年に額賀派を離脱し、「無派閥」となり若手議員と交流を深めていた。しかし一方で、どの派閥にもなびかない彼に対し、ベテラン議員からは批判の声も大きくなった。2回目となったこの挑戦。「**勝利を確信した政権復帰のリーダーへ**」と名付けたい。

●第1回投票 投票結果

石破　茂　候補　199票（議員票　34票／党員票　165票）
安倍晋三　候補　141票（議員票　54票／党員票　87票）
町村信孝　候補　34票（議員票　27票／党員票　7票）
石原伸晃　候補　96票（議員票　58票／党員票　38票）
林　芳正　候補　27票（議員票　24票／党員票　3票）

●決選投票（※党所属国会議員による投票）

安倍晋三　候補　108票
石破　茂　候補　89票

圧倒的に党員・党友票を得て第1回投票でトップだった石破は、決選投票で敗れ、安倍が第25代自民党総裁に選ばれた。実に56年ぶりという2位候補の逆転劇で、安倍は2007年以来の再登板である。石破は自民党幹事長に起用された。私が取材を続ける中で、この時ほど石破が絶望感を滲ませていたことはなかった。

3回目の挑戦は、2018年9月。安倍晋三との一騎打ちとなった。自民党のスローガンは、「この国を、守り抜く。」だった。

私がこの選挙への覚悟を石破から聞いたのは、２９１７年末のことである。

「国会議員になったからには、この国に何か残さなきゃならない。残さなくていいと思うなら、政治家なんて辞めたほうがいいんだ……」

この言葉は、今も忘れられない。石破にとってこの総裁選は、「**政治生命を賭けた戦い**」だったはずである。

●投票結果

安倍晋三 候補 553票（議員票 329票／党員票 224票）

石破 茂 候補 254票（議員票 73票／党員票 181票）

安倍を中心にした政権基盤は強く、石破の起死回生は叶わず敗れ、安倍の長期政権が続くことになった。

４回目の挑戦は、２０２０年９月。安倍首相が持病の悪化を理由に突然の辞任。これを受け、党大会に代わる両院議員総会で選出する方式が取られたため、すべての国会議員（３９４人）と都道府県連の代表（3票ずつ、計１４１票）の投票によって行われた。石破は、9月6日の自身のブログでこんなふうに綴っている。

「急遽の自民党総裁選挙となりました。期間も短く、党員投票も〈省略〉（党員に対して随分と失礼な言い方をするメディアもあるものです）され、各都道府県連の判断で党員による事前投票も行われますが、全体に占める比重は正規の総裁選挙の3分の1弱。各候補が政権・政策を発表する前に圧倒的多数が特定候補の支持を決めてしまうという実に面妖な総裁選挙ですが、自分に不利だから今回は出馬しない、という選択は私にはありませんでした。

己の損得や利害打算抜きに行動する政治家が自民党に居なくては、いつか自民党そのものが国民から見放されてしまうのではないでしょうか」

4回目の挑戦は、「**自分の残りの人生を、どう生きるか考え直す節目の総裁選**」だったと思う。「面妖な選挙」と今回の事態を客観的に捉えつつも、敗れれば、違う道を考える。このとき、石破は65歳に手が届こうとしていた。高齢者と呼ばれる世代に突入し、国会議員なのか、いや地方自治体の首長なのかなど人生設計の節目を考えるときだ。面妖であっても今回の総裁選に出て、その結果次第で区切りをつけようとしているように私には見えた。

●投票結果

菅　義偉　候補　377票（議員票　288票／地方票　89票）

岸田文雄　候補　89票（議員票　79票／地方票　10票）

石破　茂　候補　68票（議員票　26票／地方票　42票）

安倍内閣で官房長官だった菅が、岸田、石破を破って無派閥としては初の新総裁に任命された。

私の予感通り、この戦いに敗れたあとの石破は、「さまざまな生き方を考えている」と私と話をした。本当に苦しんでいたし、今後を熟慮していた。しかし、そんな一対一の取材の中でも私の考えは一貫していたから、こう伝えた。

「世論は支持している。世間の常識は、永田町の非常識。だから世間側にいるからあなたは永田町で嫌われる。それはあなたの誇りではないのか？　国民のためというなら、ここで諦めていいのか？　もう一度だけ総理総裁を目指すべきだ」

その一年後の2021年9月、菅総裁の任期満了に伴う総裁選が行われる（菅は安倍元首相の辞職を受け、任期残りの一年をピンチヒッターで繋いだため）。

再選への意欲を見せていた菅は、直前になって不出馬を表明。岸田文雄、高市早苗、河野太郎、野田聖子が出馬を表明。コロナ政策などで政治が停滞混乱し、党内力学も複雑な中での戦いだった。このとき、石破は出馬を断念して、俗に言う小石河（小泉進次郎・石破茂・河野太郎）トリオで結束した。そのバックには急遽不出馬となった菅がいた。石破が河野を推したことで私は確信した。

「混乱の総裁選は必ず権力闘争になる。永田町の論理で票が動くなら、石破には不利。あえて出なかったのは、次を狙っているからではないか？　次の総裁選は小石河で自分を推してくれる流れになると読んだのではないか？」

つまり、石破は今後の人生を熟慮したうえで、もう一度総裁選に挑戦する可能性を、ここで残したと確信した。

そして今回、２０２４年。石破にとって5回目の挑戦であった。名付けて「**本当に政治家人生をかけた最後の挑戦**」だ。過去最多、９名が立候補するという前代未聞の乱戦だった。自民党がつけたスローガンは、「日本を、新しい未来へ」であったが、裏金問題、統一教会問題など、国民は、「新しい未来」という言葉で誤魔化されてたまるか、と政治不信は募るばかりだ。

●第1回投票

石破　茂　候補　154票（議員票46票／党員票108票）
高市　早苗　候補　181票（議員票72票／党員票109票）
小泉進次郎　候補　136票（議員票75票／党員票61票）
林　芳正　候補　65票（議員票38票／党員票27票）
小林　鷹之　候補　60票（議員票41票／党員票19票）
茂木　敏充　候補　47票（議員票34票／党員票13票）
上川　陽子　候補　40票（議員票23票／党員票17票）
河野　太郎　候補　30票（議員票22票／党員票8票）
加藤　勝信　候補　22票（議員票16票／党員票6票）

1回目の投票では、予想通り過半数を獲得する候補が出なかった。決選投票の前に、石破は演説でこのように訴えた。

「日本を守りたい、国民を守りたい、地方を守りたい、そしてルールを守る自民党でありたい。総裁選挙の間も、様々なことがあった。今のままでいいと私は全く思っていない。国を守り、そして国民を守る。一人ひとりが幸せを実感できる。安心と安全を実感できる。もう一度、一人一人に笑顔が戻ってくる。そういう日本を必ず作ってまいる。地方を守っていかなければならない。地方を取り戻してまいる」「ルールを守る自民党、そして国民を信じる自民党でなければならない。国民の皆様方、なお自民党を信じていないかもしれない。しかし私は、国民を信じて逃げることなく、正面から語る自民党を作ってまいる。勇気と真心を持って真実を語る。そういう自民党を、私は同士の皆様方とともに必ず作り、一人残らず、同士が来たる国政選挙において議席を得ることができるように、日本国のために全身全霊を尽くしてまいる」

国会議員全員の投票が終わり、職員たちが壇上で投票箱を開き、開票作業を行う。約20分後、その結果が職員の手元のやや大きめのボードに書き込まれた。

もちろん客席からは見えないし、中継していたテレビカメラにも映らないように職員が後ろ向きに扱っている。

今度はそのボードを、開票作業をした職員の代表が手に持って、壇上向かって右側にズラリと座っている選挙管理委員会のメンバーたちの前に回り込んで見せた。結果の最終確認だ。

覗き込むメンバーたち。その中の一人に、中谷元元防衛相がいた。中谷は、ボードを見た直後に、国会議員たちが座っている一般席に誰かを探すように目を動かし、そして誰かを見つけた瞬間、本当に微かにだが、笑顔を見せたのだった。その様子は、よく見ないと誰も気付かないが、テレビ中継画面の片隅にしっかりと映っていた。

私は直感した。「石破が勝ったのではないか」――。

中谷と石破は、外交や安全保障政策を通じ長く深い盟友だ。あの笑顔は自然に出たもの？　いや一般席に座っている石破に送ったものではないか。

その直後に、選管委員長が得票を読み上げた。

●決選投票

石破　茂　候補　215票（議員票　189票／都道府県連票　26票）

高市早苗　候補　194票（議員票　173票／都道府県連票　21票）

最初の挑戦から16年。石破が、新総裁に選ばれた。

就任後初めての記者会見でのコメントは次の通り。

「わが党が野にあった3年3か月を決して忘れてはならない。真実を自由闊達に語る政党であり、あらゆることに公平公正な政党であり、そして常に謙虚な政党である。そのような党を同志と共に作ってまいりたい。今回の総裁選で、ルールを守る自民党、日本を守る自民党、国民を守る自民党、地方を守る自民党というスローガンを掲げた。ルールをきちんと守る政党でなければならない。そして守っているかどうかを国民に検証される仕組みを作っていかなければならない」

世論調査など国民的支持は長年にわたり高かったにもかかわらず、永田町の自民党内では、理屈っぽい男、一度自民党を離党した裏切り者、面倒見が悪い変人……などといった理由で人心掌握ができなかった。石破に近い中堅議員はこう言う。

「世論の人気が圧倒的に一番なのに、総裁選では推薦人集めも苦労して、なかなか総裁にもなれない。自民党って何なの？　と選挙区の党員以外のみなさんからはずっと言われてきました」

ところが今回の決選投票では、下馬評やマスコミ各社の調査を越えて国会議員票を獲得した。

その背景に何があったのか。私は、決選投票に向けて変化していった議員心理を取材していた。

総裁選の投票が週末に迫った週、月曜日の9月23日には、立憲民主党の代表に野田佳彦が決まった。このあたりから、自民党議員たちを個別に取材すると反応が少し変わってきたのだった。

その時点で総裁選は、党員・党友票では石破を追い上げていた高市早苗、それに次ぐのが小泉進次郎。国会議員票では進次郎のリードが予想されていたが、1回目の投票では誰も過半数に達することはできず、3人の中での決選投票になるのではないかと予想する人が多かった。そうなると組み合わせは、「石破vs高市」「石破vs進次郎」「進次郎vs高市」だが、マスコミなどの各種調査で、まだ若く経験不足を懸念される進次郎は決戦まで残れずに、「石破vs高市」の一騎打ちになる可能性が強まった。

決選投票は国会議員票の比重が増すが、では2人の対決になった場合に、国会議員票はいったい何を基準に、どちらに流れるのか。一連の決選投票を予測した新聞やテレビの報道では、当人たちの比較よりもその裏の人間関係が盛んに取り上げられた。

《石破vs進次郎になった場合は、進次郎の背後にいる菅義偉元首相がキングメーカーになっては困るから、同じく影響力を残したい岸田文雄前首相は旧岸田派でまとまって石破に入れる》

《石破vs高市になったら麻生太郎副総裁と麻生派はどうするのか。かつて自分が首相の時に退陣を迫ってきた石破を、麻生は未だ許していない。ということは、麻生は麻生派に指示して高市に入れる》

相変わらずメディアでは、いつもの派閥単位の争いや、好きか嫌いかの権力闘争を軸にした下馬評でしか話が展開されなかった。また、三陣営の当人たちはもちろん、推薦人たちも岸田や麻生に直接頭を下げたり、水面下で追い込みの多数派工作を続けていた。

ところが、最終週の終盤になり、私が20人以上の衆参の議員に個別に取材をかけていくと、派閥単位などではなく個々のレベルで変化し始めていたのだった。

まず衆議院議員。2回生や3回生など選挙地盤が弱い議員たちはというと……。
「新総裁になったら総選挙が必ずある。考えるのは選挙の顔。特に野田さんが向こう（立憲）の代表になったら果たして論戦できるのかということ。進次郎さんはそもそも厳しい。高市さんは、弁は立つが保守で、野田さんも保守しかも穏健保守。二人の論争になると高市さんはますます先鋭的な保守色が強まって、逆に中間の無党派の保守層は、穏健保守という緩やかな保守の野田さんに流れて行くリスクがある。私たちが今度の選挙で一番欲しい無党派の保守層があっちへ行ってしまう。そう考えると論戦ができて、同じような保守の土俵で戦えるのは石破さんかと思うようになった」（旧安倍派2回生）
また、ある参院議員はこう言った。
「我々の選挙（参院選）はじつは1年後。そうすると1年先も何とか踏ん張っていられる政権は誰かということを考える。進次郎氏は危ない。通常国会で答弁も持つかどうか。高市氏は外交で不安がある。首相になっても靖国に行くと言い切っているが、いま日韓関係も良くなってきているのに逆戻り。アメリカの大統領もハリスになったら、靖国参拝は日米韓の連携や米中の関係にも悪影響を与えるから絶対に行くなと言ってくる。そんな圧力にどう対応するのか。行けば波乱、一方屈して行かなかったら国内の保守が黙っておらず政権は不安定に。そうやって考えると、1年先もまあ何とか低空でもいい、水平飛行を保てる安定感は石破氏ではないか」（来年改選、2期目を迎える全国区議員）

マスコミがいくら情報合戦を仕掛けたところで結局、国会議員票が考える軸はやはり選挙だった。そして衆議院、参議院双方それぞれの選挙事情から、石破の名前が最終盤になって上がり始めたのだった。

私が派閥に関係なくランダムに聞いた20数人のうち18人が、消極的ながらという意見も含めて「石破に入れる」と答えたのだった。この変化には、私自身驚いた。

自民党の閣僚経験のあるベテラン議員はこう分析した（彼は保守の勉強会のつながりもあって決選投票では高市に投じたのだが……）。

「議員たちが選挙のことを、より現実的に考え出したのには野田代表が決まったことも影響したんだろう。決選で議員票が一気に伸びた理由のひとつはそこにあるんじゃないか」

ただ、石破の前途は容易ではない。苦節5回目の挑戦でつかんだ総裁・首相だが、決して悠々自適の道とは言えない。何度も石破に選挙応援に入ってもらったという私の旧知の東北の自民党県連県議は、こう話した。

「石破さんとの付き合いは長い。選挙応援や後援会での講演など何度も何度も来てもらった。選挙応援について言うなら、私たちは、勝てる選挙には石破さんを応援に呼ばない。厳しい選挙の時にこそ人気の石破さんに声をかけて、石破さんは集まったのがたった数十人であっても必ず来てくれた。全国の県連も、まったく同じだろう。だからこそ石破さんは、厳しい選挙を通じて自民党への世論の逆風を誰よりも感じ、自民党がいま何をすべきか本当にわかっている。それを東京に戻って口にするから永田町では『後ろから鉄砲を打つ』とか『反党的』などと言われて除け者になってきたが、じつは石破さんが一番世論に近い人だ」

ただ、こうした石破だからこそ、これからが難しいのではないかとも話す。

「いままで批判してきたことを総裁・首相になって今度は本当にやり切れるのか

ということ。たとえば裏金問題の解明とか、党改革とか。トップになったら党内に気を遣って、もしトーンダウンしてしまったら、期待が大きいだけに逆に失望も大きくなってしまうと思う。これから石破さんはそこが試されるのではないか」

首相になって何をやり切るのか。その課題のひとつは経済政策。

石破は、経済については投票直前に、岸田政権の経済対策を継承することを明らかにした。これについて決選投票で石破に投票したベテラン議員でさえこう言う。

「この継承は、決選投票で旧岸田派の支持を得る条件として、岸田路線を引き継ぐことを約束したのではないかと高市氏の支持議員などは言っている。そもそも岸田政権が掲げた好循環経済はまだまだ半ばだし、看板の投資もＮＩＳＡなどは迷走している。まずは岸田政権３年間の経済政策の総括が必要ではないのか。その上で石破流の経済対策を打つべきで、票のためにただ継承というのだったら良くない。しかも、岸田政権は財務省が操ってきた。石破氏が継承するというなら、次も官僚主導になってしまうと見られるのはマイナスだ」

一方、岸田は、今回石破と政策継承を約束し、旧岸田派が決選投票は石破にまとまって票を入れ勝利に導いたと囁かれている。これによって今回の総裁選が、背後では党内のキングメーカーの立場や存在感を大きく変えた。しかしこの勝利の要因に、石破が左右されないか心配する声も上がっている。

推薦人の一人が言う。

「岸田氏が石破氏を勝たせた、また、政策も継承させたとして、今後新政権では岸田氏が次のキングメーカーとして存在感を示すことになる。一方でこれまでのキングメーカーだった麻生氏は高市氏を応援したにもかかわらず、高市氏が敗れ、影響力がどうなるのか。また大御所の二階俊博氏は次の総選挙では引退するし、森喜朗元首相も高市推しと言われたが敗北。新たなキングメーカー岸田氏が浮上してくる。もう一人、菅氏が最初に応援した進次郎氏は決選投票にも行けなかったが、こちらは小石河がつながっていることから影響力は残すだろう。いずれにしても、新たなキングメーカーの構図になるが、石破氏が岸田氏やその背後の財務省に支配されるようなことがあってはまずい」

今回、石破に投票したベテラン議員は、石破新政権にこう注文を付ける。

「世論は自民党に対しても堂々と言ってきたことを支持してきたのだから、それをやらなければ失望は逆にもっと大きくなって跳ね返ってくる。総選挙でも、裏金問題などの野党の追及にうやむやに答えると大きなマイナス。党内では議員投票の半数は高市氏に行っているわけで、反主流派の動きも出てくる。そうした党内の新たな権力闘争に対しても、気を遣ったり巻き込まれたりすることがないようにやれるかどうかだ」

石破らしい政策、そして信条の世論や国民との対話や、国会の議論を第一にした政権運営をしてほしい。

総裁選翌日の夜、私は時事芸人のプチ鹿島氏の総裁選トークライブに出演したが、その場で石破に直接電話をかけてみた。突然にもかかわらず、石破は文句ひとつ言わずに応対してくれ、会場のみんなと話をしてくれた。その場で「地位協定の見直しなど（公言したことは）やる」と約束して会場を沸かせた。

また、私は防災がライフワークなのだが、個人的には日本の政治行政に圧倒的に欠けている防災対策と危機管理に、石破に邁進してほしい。今回の総裁選、９人の中で防災省設置など防災を強く語ったのは石破だけだ。
そして日米地位協定の見直し案。特に安全保障に関しては、絶対にこのままであってはならない。沖縄の米軍基地問題をどうするか。これに関しても私は、長年にわたり石破の話を聞いてきた。自分たちで自分の国を守るために何をするべきか。世界中でこれほど差別的な地位協定は他に存在しない。

さて本書『石破茂の「頭」の中』は、2018年5月、つまり、石破が3回目の総裁選挑戦の前に上梓したものである。今回、石破が新総裁になったことで多くの方より本書を読みたいと問い合わせがあったため、この序文を追加し、増補版として本書を再び世に送り出すことにした。一国のリーダーとなった石破が、今後どのように国を変えてくれるのか。あるいは何を変えずにいてくれるのか。今こそ本書を読むことで、それがより明確になることだろう。本書がいつまで読まれ続けるかは、石破政権次第である。

今この原稿を執筆している最中に、衆院解散のニュースが飛び込んできた。えっ？私は耳を疑った。総裁選の際に石破はこう言っていた。

「早期の政局解散はしない。予算委員会を開き、与野党でしっかり議論して、何をやるか国民に示し、そして解散し信を問う」と。

逃げずに堂々と議論するという国会、国民重視の政治。

ところが、党内幹部らの「勝つためには勢いのまま早期解散を」という説得に応じてしまった。

自民党の永田町の論理に巻き込まれていいのか。

石破は、今まで一番世論に近いところから、自民党に言うべきことを言ってきた。だから世論から支持を得てきた。その人物がリーダーになったとき、今まで通りに「石破らしさ」を貫けるか。貫けなければ総理になった意味もない。ここまで石破を押し上げてきた世論の目がしっかりと見ている。

２０２４年10月

鈴木哲夫

2024年10月4日　石破茂首相の所信表明演説（全文）

はじめに

この度、第102代内閣総理大臣に就任いたしました。
「すべての人に安心と安全を」
私は、日本国内閣総理大臣として、全身全霊を捧げ、日本と日本の未来を守り抜いてまいります。

この決意を申し上げるに当たり、まずは、政治資金問題などをめぐり、国民の政治不信を招いた事態について、深い反省とともに触れねばなりません。

政治資金問題に際し、岸田総理は、自由民主党内の派閥解消や政治資金規正法改正などに取り組まれた後に、所属議員が起こした事態について、組織の長として責任を取るために退任されました。これらは、全て、政治改革を前に進めるとの思いを持って決断されたものでした。

また、岸田内閣の三年間は、経済、エネルギー政策、こども政策、安全保障政策、そして外交政策など、幅広い分野において、具体的な成果が形になった三年でありました。岸田総理の御尽力に、心より敬意を表します。

その思いや実績を基に、私は、政治資金問題などにより失った国民の皆様からの信頼を取り戻し、そして、すべての人に安心と安全をもたらす社会を実現してまいります。

千年単位で見ても類を見ない人口減少、生成ＡＩ等の登場による急激なデジタルの進化、約三十年ぶりの物価上昇。我が国は大きな時代の変化に直面しています。この変化に対し、政治は十分に責任を果たしてきたでしょうか。

政治資金問題で失われた政治への信頼を取り戻すとともに、これまで以上に、我が国が置かれている状況を国民の皆様に説明し、納得と共感を頂きながら安全安心で豊かな日本を再構築する。それが政治の責任です。

そのために、私は、「ルールを守る」、「日本を守る」、「国民を守る」、「地方を守る」、「若者・女性の機会を守る」、これらの五本の柱で、日本の未来を創り、そして、未来を守ります。

二　ルールを守る

（国民からの信頼）

国民の皆様からの信頼を取り戻す。そのために、「政治家のための政治ではない、国民のための政治」を実現してまいります。

政治資金収支報告書への不記載の問題については、まずは、問題を指摘された議員一人一人と改めて向き合い、反省を求め、ルールを守る倫理観の確立に全力を挙げます。

それぞれの政治家が国民一人一人と誠実に向き合い、改正された政治資金規正法を徹底的に遵守し、限りない透明性を持って国民に向けて公開することを確立せねばなりません。国民の皆様方にもう一度、政治を信頼していただくため、私自身も説明責任を果たし、更に透明性を高める努力を最大限していくことを固くお約束申し上げます。

三　日本を守る

（外交・安全保障）

激変する安全保障環境から日本を守り抜きます。国連安全保障理事会の常任理事国であるロシアによるウクライナ侵略は未だに続いており、戦火は絶えません。今日のウクライナは明日の東アジアかもしれない。そのような不安を多くの方々が抱いております。何故ウクライナにおいて抑止力が効かなかったのか、私は強い思いを持っております。中東情勢なども相まって、国際社会は分断と対立が進んでいます。

そうした現状を踏まえ、私は、現実的な国益を踏まえた外交により、日米同盟を基軸に、友好国・同志国を増やし、外交力と防衛力の両輪をバランスよく強化し、我が国の平和、地域の安定を実現します。その際、自由で開かれたインド太平洋というビジョンの下、法の支配に基づく国際秩序を堅持し、地域の安全と安定を一層確保するための取組を主導してまいります。

日米同盟は、日本外交・安全保障の基軸であり、インド太平洋地域と国際社会の平和と繁栄の基盤です。まずはこの同盟の抑止力・対処力を一層強化します。加えて、同志国との連携強化に取り組んでまいります。先日は、早速バイデン米国大統領に加え、韓国、豪州、Ｇ７各国の首脳と電話会談を行いました。

現下の戦略環境の下、日韓が緊密に連携していくことは、双方の利益にとって極めて重要です。日韓間には難しい問題もありますが、来年に国交正常化六十周年を迎えることも見据え、岸田総理が尹大統領との間で築かれた信頼関係を礎に、日韓両国の協力を更に堅固で幅広いものとしていきます。また、日米韓で一層緊密に連携していきます。

中国に対しては、「戦略的互恵関係」を包括的に推進し、あらゆるレベルでの意思疎通を重ねてまいります。一方、中国は、東シナ海や南シナ海における力による一方的な現状変更の試みを、日々、強化しております。先月には、幼い日本人の子供が暴漢に襲われ、尊い命を失うという痛ましい事件が起きました。これは断じて看過しがたいことです。我が国として主張すべきは主張し、責任ある行動を強く求めつつ、諸懸案を含め対話を行い、共通の諸課題については協力する、「建設的かつ安定的な関係」を日中双方の努力で構築していきます。日中韓の枠組みも前進させます。

拉致被害者やその御家族が高齢となる中で、時間的制約のある拉致問題は、ひとときもゆるがせにできない人道問題、国家主権の侵害であり、政権の最重要課題です。日朝平壌宣言から二十年余、残された拉致被害者たちの御帰国が実現していないことは痛恨の極みです。

日朝平壌宣言の原点に立ち返り、すべての拉致被害者の一日も早い御帰国を実現するとともに、北朝鮮との諸問題を解決するため、私自身の強い決意の下で、総力を挙げて取り組んでまいります。

対露制裁、対ウクライナ支援は今後とも強力に推し進めます。日露関係は厳しい状況にありますが、我が国としては、領土問題を解決し、平和条約を締結するとの方針を堅持します。

ＡＳＥＡＮとの連携強化に引き続き取り組みます。グローバルサウスとの関係強化や、軍縮不拡散、気候変動など地球規模課題への取組を進めてまいります。また、在外邦人の安全確保に全力を尽くしてまいります。

我が国は戦後最も厳しく複雑な安全保障環境に直面しています。中国及びロシアによる一連の領空侵犯も発生しました。これは、我が国の主権の重大な侵害です。北朝鮮は、核・ミサイル開発を継続し、近年、かつてない高い頻度で弾道ミサイルの発射を繰り返しているほか、米国を射程に収める長射程ミサイルの開発も追求しています。これは、国連安保理決議違反であり、我が国のみならず、地域、国際社会の平和と安全を脅かすものです。このような中、国家安全保障戦略等に基づき、我が国自身の防衛力を抜本的に強化すべきことは論を俟ちません。

防衛力の最大の基盤は、自衛官です。いかに装備品を整備しようとも、防衛力を発揮するためには、人的基盤を強化することが不可欠です。日本の独立と平和を守る自衛官の生活・勤務環境や処遇の改善に向け、総理大臣を長とする関係閣僚会議を設置し、その在り方を早急に検討し成案を得るものといたします。

先の大戦中、沖縄では、国内最大の地上戦が行われ、多くの県民が犠牲になられたこと、戦後二十七年間、米国の施政下に置かれたことなどを、私は決して忘れません。基地負担の軽減にも引き続き取り組みます。在日米軍の円滑な駐留のためには、地元を含む国民の御理解と御協力を得ることが不可欠です。普天間飛行場の一日も早い全面返還を目指し、辺野古への移設工事を進めます。また、未だ全国最下位である一人当たり県民所得や、子どもの貧困の問題などの課題も存在します。沖縄振興の経済効果は十分に域内に波及しているのだろうか、そしてそれが、本当に実感していただけているのだろうか。沖縄の皆様の思いに向き合い、沖縄経済を強化すべく支援を継続します。

（少子化対策）

少子化とその結果生じる人口減少は、国の根幹にかかわる課題、いわば「静かな有事」です。今の子育て世代が幸せでなければ、少子化の克服はありません。子育て世帯の意見に十分に耳を傾け、今の子育て世帯に続く若者が増えるような子育て支援に全力を挙げます。こども未来戦略を着実に実施するとともに、社会の意識改革を含め、短時間勤務の活用や生活時間・睡眠時間を確保する勤務間インターバル制度の導入促進など、働き方改革を強力に推し進めます。さらに、少子化の原因を分析し、子育て世帯に寄り添った適切な対策を実施します。

少子化をめぐる状況は地域によって異なります。婚姻率が低い県は、人口減少率も高いことは厳然たる事実です。若年世代の人口移動を見ると、この十年間で全国三十三の道県で男性より女性の方が多く転出する状況となっています。若者・女性に選ばれる地方、多様性のある地域分散型社会を作っていかねばなりません。それぞれの地域において、地方創生と表裏一体のものとして若者に選ばれる地域社会の構築に向け、全力で取り組んでまいります。

（経済・財政）

日本経済のデフレ脱却を確かなものとし、日本経済の未来を創り、日本経済を守り抜きます。その中で、「デフレ脱却」を最優先に実現するため、「経済あっての財政」との考え方に立った経済・財政運営を行い、「賃上げと投資が牽引する成長型経済」を実現しつつ、財政状況の改善を進め、力強く発展する、危機に強靱な経済・財政を作っていきます。

イノベーションを促進すること等による高付加価値創出や生産性の向上、意欲ある高齢者が活躍できる社会を実現し、我が国のＧＤＰの五割超を占める個人消費を回復させ、消費と投資を最大化する成長型経済を実現します。

このため、コストカット型経済から高付加価値創出型経済へ移行しながら、持続可能なエネルギー政策を確立し、イノベーションとスタートアップ支援を強化していきます。また、経済安全保障の観点から、半導体等のサプライチェーンの国内回帰を含む強靭化や技術流出対策等を進めます。あわせて、能動的サイバー防御の導入に向けた検討を更に加速させるなど、サイバーセキュリティの強化に取り組みます。柔軟な社会保障制度の再構築を実現するとともに、データに基づき財政支出を見直し、ワイズ・スペンディングを徹底していきます。

私は、国全体の経済成長のみならず、国民一人当たりのGDPの増加と、満足度、幸福度の向上を優先する経済の実現を目標とします。そのために、官民で総合的な「幸福度・満足度」の指標を策定・共有し、一人一人が豊かで幸せな社会の構築を目指します。

四　国民を守る

（物価に負けない賃上げ）

日本の経済を守り、国民生活を守り抜きます。

生鮮食品、エネルギーなどの物価高に国民の皆様は直面しておられます。物価上昇を上回る賃金上昇を定着させ、国民の皆様に生活が確かに豊かになったとの思いを持っていただかなければなりません。

日本経済がコストカット型の対応を続けてきた「失われた三十年」とコロナ禍での苦難の三年間を乗り越え、経済状況は改善し、賃金もようやく上がるようになってきました。しかしながら、国民の皆様に安心して消費をしていただける経済になるまでは道半ばです。

こうした中、賃上げと人手不足緩和の好循環に向けて、一人一人の生産性を上げ、付加価値を上げ、所得を上げ、物価上昇を上回る賃金の増加を実現してまいります。適切な価格転嫁と生産性向上支援により最低賃金を着実に引き上げ、二〇二〇年代に全国平均一五〇〇円という高い目標に向かってたゆまぬ努力を続けます。そのために、政府として、自由に働き方を選択しても不公平にならない職場づくりを目指した個人のリ・スキリングなど人への投資を強化し、事業者のデジタル環境整備も含め、将来の経済のパイを拡大する施策を集中的に強化します。

高付加価値のモノとサービスを、グローバル市場において、適正な価格で売ることのできる経済を実現します。輸出企業の競争力を強化し、中小企業を中心とする高付加価値化、労働分配率の向上、官民挙げての思い切った投資を実現します。

物価上昇を上回って、賃金が上昇し、設備投資が積極的に行われるといった成長と分配の好循環が確実に回り出すまでの間、足下で物価高に苦しむ方々への支援が必要です。こうした物価高への対応に加えて、成長分野に官民を挙げての思い切った投資を行い、「賃上げと投資が牽引する成長型経済」の実現を図るため、経済対策を早急に策定し、その実現に取り組みます。当面の対応として、物価高の影響を特に受ける低所得者世帯への支援や、地域の実情に応じたきめ細かい対応を行うこと、構造的な対応としてのエネルギーコスト上昇に強い社会の実現など「物価高の克服」。新たな地方創生施策の展開、中堅・中小企業の賃上げ環境整備、成長力に資する国内投資促進など「日本経済・地方経済の成長」。能登地域をはじめとする自然災害からの復旧・復興、防災・減災、国土強靭化の推進、外交・安全保障環境の変化への対応、誰も取り残さない社会の実現、など「国民の安心・安全の確保」を柱とします。

（エネルギー）

エネルギーの安定的な供給と安全の確保は喫緊の課題です。ＡＩ時代の電力需要の激増も踏まえつつ、脱炭素化を進めながらエネルギー自給率を抜本的に高めるため、省エネルギーを徹底し、安全を大前提とした原子力発電の利活用、国内資源の探査と実用化と併せ、我が国が高い潜在力を持つ地熱など再生可能エネルギーの最適なエネルギーミックスを実現し、日本経済をエネルギー制約から守り抜きます。このため、ＧＸ（グリーン・トランスフォーメーション）の取組を加速させ、アジア諸国の多様な取組を日本の技術力や金融力で支援し、同時に、アジアの成長力を我が国に取り込んでいきます。

（イノベーションとスタートアップ支援）

日本経済の活性化と成長を加速させるため、科学技術・イノベーション、宇宙などフロンティアの開拓を推進するとともに、スタートアップ支援策を引き続き強化していきます。政府の「スタートアップ育成５か年計画」を着実に進め、アジア最大のスタートアップハブを実現します。ＡＩの研究開発・実装がしやすい環境を更に充実し、政府のＡＩ政策の司令塔機能を強化します。

（「投資大国」の実現）

経済活動の基盤である金融資本市場の変革にも取り組みます。貯蓄から投資への流れを着実なものとし、国民の資産形成を後押しする「資産運用立国」の政策を引き継ぐとともに、産業に思い切った投資が行われる「投資大国」に向けた施策を講じます。

（社会保障）

社会保障制度は、様々な境遇にある国民の方々に安心を提供するセーフティネットです。将来不安を取り除き、皆が安心して充実して暮らせる、こうした日本を実現することによって未来を守り、次の時代に負担を先送りしない。それが今を生きる我々の責任です。

医療・年金・子育て・介護など、社会保障全般を見直し、国民の皆様に安心していただける社会保障制度を確立します。その際、今の時代にあった社会保障へと転換し、多様な人生の在り方、多様な人生の選択肢を実現できる柔軟な制度設計を行います。人口減少時代を踏まえ、意欲のある高齢者、女性、障害者などの就労を促進し、誰もが年齢に関わらず能力や個性を最大限生かせる社会を目指します。

（良好な治安の確保）

子供、女性、高齢者をはじめ、全ての方々が安心して暮らせるよう犯罪対策を推進し、「世界一安全な日本」を実現します。

（防災、東日本大震災からの復興）

度重なる災害から、国民の生命、身体と財産を守り抜きます。

コロナ禍の最中は、ふるさとに戻ることすらできませんでした。やっと里帰りができるようになり、皆が待ちわびていた家族の団らんが、能登半島では、今年の元日、地震により一瞬にして奪われました。亡くなられた方々に哀悼の誠を捧げるとともに、被災されている方々に心よりお見舞いを申し上げます。その後さらに能登半島地震の被災地を豪雨が襲い、河川の氾濫や土砂災害が相次ぎ、多くの尊い人命が失われました。度重なる被災の前の活気ある能登を取り戻すため、復旧と創造的復興に向けた取組を一層加速してまいります。

世界有数の災害発生国である、この日本において、近年の更なる風水害の頻発化・激甚化に早急に対処できる人命最優先の防災立国を構築しなければなりません。防災・減災、国土強靱化の取組を推進します。事前防災の徹底に向けて、まず、現在の内閣府防災担当の機能を予算・人員の両面において抜本的に強化するとともに、平時から不断に万全の備えを行うため、専任の大臣を置く防災庁の設置に向けた準備を進めてまいります。

日本では、ひとたび災害が起きると、被災者の方々は避難所で厳しい生活を強いられます。平成二十八年に起きた熊本地震では、直接亡くなられた方々の四倍もの方々が、避難生活の中で健康を崩されるなどして、災害関連死として亡くなられています。被災して大きな悲しみや不安を抱えている方々に手を差し伸べ、温かい食事や安心できる居住環境を提供することが必要です。災害関連死ゼロを実現すべく、避難所の満たすべき基準を定めたスフィア基準も踏まえつつ避難所の在り方を見直し、発災後速やかにトイレ、キッチンカー、ベッド・風呂を配備しうる平時からの官民連携体制を構築します。

福島の復興なくして、東北の復興なし。東北の復興なくして、日本の再生はありません。被災者の生活や、産業・生業の再建に全力で取り組んでまいります。一部の国・地域による日本産水産物の輸入停止に対し、岸田政権での取組を活かし、あらゆる機会をとらえて即時撤廃を強く求めるとともに、影響を受ける水産物の国内需要の拡大や新たな輸出先の開拓など、我が国水産業の更なる発展のために、政府として責任を持って支援を行ってまいります。

五　地方を守る

（地方創生）

地方創生の原点に立ち返り、地方を守り抜きます。十年前に私は初代地方創生担当大臣を拝命し、文化庁の京都移転、それまでの補助金とは一線を画する地方創生推進交付金の創設をはじめ、一生懸命取り組みました。以来、交付金などを活用し、住民の方々が気持ちを一つにして地方創生の取組に頑張っていらっしゃる姿を全国各地にたくさん見てまいりました。そして、その姿に勇気づけられてまいりました。

竹下総理はかつて、「地域が自主性と責任を持って、おのおの知恵と情熱を生かし、小さな村も大きな町もこぞって、地域づくりをみずから考え、みずから実践していく」と述べられました。「産官学金労言」、すなわち、産業界、行政機関、大学だけでなく中学校・高等学校も含めた教育機関、金融機関、労働者の皆様、報道機関の皆様。こうした地域の多様なステークホルダーが知恵を出し合い、地域の可能性を最大限に引き出し、都市に住む人も地方に住む人も、すべての人に安心と安全を保障し、希望と幸せを実感する社会。それが地方創生の精神です。今一度、地方に雇用と所得、そして、都市に安心と安全を生み出します。

「地方こそ成長の主役」です。地方創生をめぐる、これまでの成果と反省を活かし、地方創生2・0として再起動させます。

全国各地の取組を一層強力に支援するため、地方創生の交付金を当初予算ベースで倍増することを目指します。

少子高齢化や人口減少に対応するため、デジタル田園都市国家構想実現会議を発展させ、「新しい地方経済・生活環境創生本部」を創設し、今後十年間集中的に取り組む基本構想を策定します。ブロックチェーンなどの新技術やインバウンドの大きな流れなどの効果的な活用も視野に入れ、国民の生活を守りながら、地方創生を実現してまいります。

地方の成長の根幹である農林水産業は、農山漁村の雇用と所得を生み出すとともに、国家の安全保障の一環でもあることから、その持てる力を最大限引き出してまいります。新たな基本法の下、最初の五年間に計画的かつ集中した施策を講じることにより、食料安全保障の確保、環境と調和のとれた食料システムの確立、農林水産業の持続的な発展、中山間地域を始めとする農山漁村の振興を図ります。国内の生産基盤の維持の観点も踏まえ、農林水産物の輸出をより一層促進します。持続可能な食品産業への転換を促進し、循環型林業など強い林業づくりや、海洋環境の変化を踏まえた操業形態や養殖業への転換、海業の全国展開など漁業・水産業の活性化に取り組みます。

観光産業の高付加価値化を推進するとともに、文化芸術立国に向けた地域の文化、芸術への支援強化にも取り組みます。地域交通は地方創生の基盤です。全国で「交通空白」の解消に向け、移動の足の確保を強力に進めます。

地方創生に終わりはありません。「地域づくりは人づくり」。人材育成こそ全てです。私が先頭に立って、国・地方・国民が一丸となって地方創生に永続的に取り組む機運を高めてまいります。

（大阪・関西万博）

二〇二五年大阪・関西万博は、世界と交流を深め、日本の魅力を世界に向けて発信する絶好の機会です。多くの方に来場いただき、楽しみ、そしてそれぞれの将来に夢と希望を持ってもらう、またとない機会です。成功に向け関係者と心を合わせて取り組んでまいります。

六　若者・女性の機会を守る

若者・女性、それぞれの方々の幸せ、そして人権が守られる社会にしていかなければなりません。

（教育改革）

「人づくりこそ国づくり」。この考え方のもと、デジタル技術の活用を前提に、自ら考え、自由に人生を設計することができる能力の育成を目指します。あらゆる人が、最適な教育を受けられる社会を実現します。教職員の処遇見直しを通じた公教育の再生に全力を挙げます。

強靭で持続性ある「稼げる日本」の再構築のためには、教育やリ・スキリングなどの人的資源への最大限の投資が不可欠です。人生のあらゆる局面で何度でも必要な学びが得られる体制を整備します。

（女性活躍と女性参画）

意思決定の在り方を劇的に変えていくため、社会のあらゆる組織の意思決定に女性が参画することを官民の目標とし、達成への指針を定め、計画的に取り組みます。男女間の賃金格差の是正は、引き続き喫緊の課題です。多くの女性に社会活動を長く続けてもらえるにはどうすればよいか、国民的議論を主導して制度改革を実現します。

（自殺対策）

コロナ禍で増加した女性の自殺者数が高止まりし、こども・若者の自殺者数が増加傾向にあることを踏まえ、自殺総合対策を強力に進めます。

七　おわりに

（憲法改正）

憲法改正について、私が総理に在任している間に発議を実現していただくべく、今後、憲法審査会において、与野党の枠を超え、建設的な議論を行い、国民的な議論を積極的に深めていただくことを期待します。

日本にとって、皇位の安定的な継承等は極めて重要なことです。とりわけ皇族数の確保は喫緊の課題です。国会において、早期に「立法府の総意」が取りまとめられるよう、積極的な議論が行われることを期待します。

（納得と共感の政治）

私は、議員になる一年前の昭和六十年、渡辺美智雄代議士の、「政治家の仕事は勇気と真心をもって真実を語ることだ」との言葉に大きな感銘を受けました。爾来四十年、こうありたいと思い続け、今、この壇上に立っております。政治を信じていただいている国民の皆様が、決して多くないことを私は承知しております。しかし、政治は国民を信じているのでしょうか。どうせ分かってはもらえない、そのうち忘れてしまうだろうなどと思ってはいないでしょうか。国民を信じない政治が、国民の皆様に信じていただけるわけがありません。勇気と真心をもって真実を語り、国民の皆様の納得と共感を得られる政治を実践することにより、政治に対する信頼を取り戻し、日本の未来を創り、日本の未来を守り抜く決意です。

以上、私の思いを申し述べました。

かつての日本は、今ほど豊かではなかったかもしれません。しかし、もっとお互いを思いやる社会でした。皆に笑顔がありました。いつの間にか、日本はお互いが足を引っ張ったり、悪口を言い合ったりするような社会になってしまったのではないでしょうか。私は、もう一度、全ての国民の皆様に笑顔を取り戻したい。

「すべての人に安心と安全を」

国民の皆様、並びに、この場に集う全国民を代表される国会議員の皆様の御理解と御協力をお願い申し上げます。

増補版 石破茂の「頭の中」——目次

第二章

石破茂の家族の肖像　79

第三章

政治家・石破茂の歩み　95

第四章 混乱する日本の制度と近づく総理の座

第五章 「石破茂」の国家論 201

本文中、一部、敬称を略させていただきました。

参考文献

『サンデー毎日』〝永田町リポート〟（毎日新聞出版）、『アサヒ芸能』連載〝政界インサイド通信〟（徳間書店）『夕刊フジ』連載〝鈴木哲夫の政界キーマン〟（産経新聞社）、『経済界』連載〝政地巡礼〟（経済界）、『月刊公論』連載〝政界展望〟（財界通信社）、『リベラルタイム』confidential（リベラルタイム出版社）、すべて著者執筆。および石破氏著書（次ページ参照）

石破 茂 基礎DATA

身長：176センチ
血液型：B型

選挙区
衆議院 鳥取１区
（当選12回）

家族構成
妻（佳子）
長女
次女

趣味
カラオケ
鉄道
プラモデル
料理

生年月日
1957年2月4日

出身地
鳥取県八頭町

出生地
東京都内
父（二朗）
母（和子）

主な著作
『石破茂と水月會の日本創生』
（2018年：新講社）
『日本列島創生論 地方は国家の希望なり』
（2017年：新潮新書）
『日本人のための「集団的自衛権」入門』
（2014年：新潮新書）
『真・政治力』
（2013年：ワニブックスPLUS新書）
『国難 ―政治に幻想はいらない』
（2012年：新潮社）
『国防』
（2005年：新潮社）

座右の銘
至誠の人、真の勇者

第一章
プレッシャーの中で育った少年期

昭和39(1964)年春、知事公舎玄関で朝のお見送り
左から、石破茂氏、父・二朗氏、母・和子さん
出典:『回想録 石破二朗 追想篇』(石破二朗回想録刊行会)

「知事の息子」というプレッシャー　鈴木哲夫①

石破茂は、昭和32（1957）年2月4日、建設省の事務次官だった父・二朗と、元国語教師だった母・和子の長男として東京都で誕生した。そして、1歳半で鳥取に移り住み、そこで中学卒業までの少年時代を過ごすこととなった。父・二朗が昭和33（1958）年11月の選挙に勝利して鳥取県知事になったからだった。

石破二朗は、明治41（1908）年7月、鳥取県八頭《やず》郡大御門《おおみかど》村大字殿（現・八頭町）で農業を営む石破市造《いちぞう》（のちに大御門村長）と妻・マサの次男として生まれた。そして、鳥取県立第一中学校（現・鳥取県立鳥取西高等学校）、高知高等学校（現・高知大学）を経て、東京帝国大学（現・東京大学）法学部を卒業。その後、内務・建設官僚を務め、昭和33（1958）年には鳥取県知事選に立候補した。

選挙戦は現職だった遠藤茂との一騎打ちとなったが、見事に勝利をおさめて、公選知事としては4代目の鳥取県知事に就任した。石破二朗と田中角栄は友人であり、角栄はこの選挙の推移に一喜一憂したという。

茂が誕生したのは、その父が鳥取県知事に就任する直前のことだった。

ちなみに茂が生まれたとき、二朗は48歳で当時としてはやや高齢だったため、恥ずかしがってあまり病院へ行かず、代理で病院に出入りしていた秘書が父親と間違えられたこともあったと伝えられている。

その後、二朗は昭和49（1974）年に知事を辞任し、参議院選に出馬する。そして見事当選し、鈴木善幸内閣で、自治大臣（第28代）兼国家公安委員会委員長（第38代）を務めた。

昭和56（1981）年に亡くなったが、『石破二朗：回想録 追想篇』（1982年、石破二朗回想録刊行会刊）に「農本思想の持主である」「故郷を忘れず義と理に厚い」とあるように、故郷の鳥取をこよなく愛した人物だったと評されている。

政治家・石破茂を理解するには、幼少期の思い出から探っていく必要があろう。まずは、知事の息子としての幼少期はどんなものだったのか、石破に聞いた。それに対して返ってきたのは、「知事の子どもだということで、すごくプレッシャーを感じて育った」という言葉だった。

父が何をしている人かわからなかった

子ども時代の思い出で、わたしがいまでもありありと覚えていることがあります。小学校に入学したばかりの頃、先生に「お父さんをテーマに作文を書きなさい」と言われたのですが、そのとき、わたしはとても困りました。実は、自分の父親が何をしているのかわかっていなかったからです。

サラリーマンでもないし、農業をやっているわけでもお店屋さんでもない。そのくせ、なんでか知らないけどおっきな家に住んでいて、いろんな人が出入りしていて、みんなが父親に頭を下げる。なんなんだろう、うちの父親って……。

あれは、小学2年生だったか、3年生だったかな。いくつのときだったかはっきりと覚えていないんだけど、うちに来た人に、わたしがなんだかぞんざいな口を利いたらしい。そうしたら、母親が激怒して、「出ていけー!」って。

寒い日だったけど、家の外へ放り出されて、泣いてもわめいても一晩入れてくれなかったことを鮮烈に覚えています。当時住んでいたのは知事公舎でしたから、県庁の職員が何人も出入りしていました。わたしが生意気な態度を取ったのは、たぶん県庁の秘書課の方だったのだろうと思いますが、なぜ、母がそれほど怒ったのか。

それは、母親も知事の娘だったからだと思います。

母の父・金森太郎は明治21（1888）年に、東京都で生まれました。そして東京帝国大学法科大学を卒業後、内務官僚となり、兵庫県朝来《あさご》・明石各郡長、島根県理事官産業課長、茨城・静岡各県警察部長、福島・長野各県内務部長、大阪府警察部長、東京府内務部長などを経たのち、いわゆる官選知

知事室で執務中の石破氏の父・二朗氏（昭和49[1974]年2月）

事として、徳島県知事と山形県知事を務めました。戦前の旧憲法下では、知事はいまと違って、政府から選ばれ、その身分もいまでいう国家公務員とされていたのですが、母は女学校時代に、知事の娘ということでずいぶん肩身の狭い思いもしたようです。だからこそ、わたしがぞんざいな口を利いたのが許せなかったのでしょう。

「おまえが偉いわけじゃない。お父さんが偉いからです。おまえは何を勘違いしているんだ」

そう言って、絶対許してくれませんでした。わたしが、知事という役職についている親を持っているからこそ、謙虚さを身につけさせたかったのでしょう。

また、その金森太郎の父である金森通倫《みちとも》、つまり、わたしにとっては母方のひいじいさんにあたる人も一風変わった人物だったようです。

彼は、江戸の末期の安政4（1857）年8月に、肥後国玉名郡（現在の熊本県玉名市）で郷士・金森繁蔵《しげぞう》の次男として生まれましたが、熊本洋学校在学中の明治9（1876）年に、仲間35人とキリスト教精神を日本に普及することを誓い合います。彼らは「熊本バンド」と呼ばれるようになりますが、熊本洋学校が明治9年に閉鎖されると、新島襄《にいじまじょう》の思想に共鳴して、京都まで行って新島襄の同志社英学校に入って師事します。

そして通倫は同志社英学校の校長となり、新島襄の後継者として第2代同志社総長の最有力者と目されるまでになります。でも、あまりにも性格が個性的で、協調性に欠けていたためか、1年でクビになるんです。

その後、彼は板垣退助の自由党に入って「自由新聞」の主筆を務めたのち、岡山県の教会で布教活動に入ります。しかしそれにも飽き足らず、渡米して「アメリカのキリスト教は堕落しておる」とばかりに自分の信じる教えを広め、2万人の信者を獲得。アメリカから帰国したのち、晩年は湘南の嶺山に隠居して、洞窟で暮らすなどして、周囲の人からは「今仙人《いま》」と呼ばれていたそうです。

父が知事だったことに加え、そんな祖父と知事の父を持つ母に育てられたということも、わたしに影響を与えているような気がします。

鳥取大学附属小・中学校の思い出

わたしが通ったのは、鳥取大学の附属小学校と附属中学校でした。いわゆる「勉強のできる子」たちが集められていたと思います。授業が終わった後も、先生が黒板につるかめ算や流水算、通過算などの問題を書き、できた者から帰ってよいということで、できない者はいつまでも帰れなかった。また、毎月1回、算数・国語・理科・社会のテストがあり、毎回1番から38番まで全員の成績が発表されていました。

いまなら、こんなやり方は問題になるのかもしれませんが、5、6年生のときの担任の教師は、「ここは実験校です。どんな教育をしたらどんな子どもが育つかを実験するためにある学校なのです。決して皆さんが優秀だから選ばれたというわけではありません」と言い切っていました。

ちなみに、その先生は国語の先生でしたが、アコーディオンも得意でした。授業中にアコーディオンを見事に弾きこなして、わたしたちに「元寇《げんこう》の歌」とか、「楠木正成の歌」などを教えてくれました。

また、夏の臨海学校では、小・中学生合同で2キロの遠泳もやっていました。もちろんある程度泳げる子でなければチャレンジしちゃいけないことになってはいましたが、教師はボートで後ろからついていって、遅れた子を助けたりはせず、「バカもーん！」とやっていた。今では信じられない光景でしょうね。でもそれで泳げるようになるわけです。

中学で生徒が不祥事を起こすと、雪が降った日でも、裸足で校庭10周が当たり前でした。当時は、そんなことで学校に怒鳴り込むような親はいなかったのです。

そんな小学校、中学校時代でしたが、厳しかったけど楽しかった……。あのときに無理やり勉強させられたからこそ、いまの自分があると思っています。

知事の息子ということでいじめに遭う

わたし自身はそれほど意識していませんでしたが、親が知事だということで、やはり特別な目で見られていた部分はあったと思います。小学校の頃はそうでもなかったのですが、それが表面化してきたのは中学になってからのことでした。

東大紛争（1968〜69年）があったのは、確かわたしが小学6年のときだったと思いますが、中学2年の後半くらいのいわゆる思春期になった当時もまだ大学が荒れていましたし、「反体制」も流行《はや》っていました。

そんな中、鳥取大附属中学校にはませた子どもが多く、中学2年の後半くらいになるとみんな大人びたことがしたくなって、意味も大してわからぬまま「反体制」と言うようになりました。知事の息子であるということで、わたしはクラスの中で「体制そのもの」の存在とされ、級友たちから批判の対象とされるようになりました。たとえば、それまで学級委員長選挙にも生徒会役員選挙にも常に勝っていたのが、全部落ちてしまうようになった。集団の「空気」というのは恐ろしいものだと子ども心に感じましたね。そして、中学2年の後期の生徒会副会長選挙に落選して、学級委員長選挙にも落選して、結局、選挙に関係ない生活委員長になったわけです。いわゆる風紀委員ですね。

それで、よせばいいのに、「下校時間を守れ!」とか、「廊下を走るな!」とか、「買い食いはダメ!」とか、「鳥取大学教育学部附属生徒会規則第何条によれば、あなたの行為は許されない。生徒会規則をちゃんと読め!」などとビシバシやった。わたしを批判するクラスの空気に、精一杯の反発を込めたのです。

当然と言えば当然ですが、それでますます嫌われるようになり、どんどん友達が離れていきました。

さらに中学3年になると、ある事件を境にそれがますますエスカレートしていきました。当時、父は知事の4期目だったと思いますが、鳥取駅前の大改造に取りかかっており、用地買収とか、立ち退《の》きなどの問題が、難航していた時期だったのです。

そんなとき、駅前でちょっと大きな火事があり、商店が何軒も焼けてしまったことがありました。クラスメイトの1人が、わたしにこう言い放ちました。

「おまえのおやじだろう、あそこに火つけたのは」

とんでもない誹謗《ひぼう》中傷でした。父親を侮辱されたことの怒りに震えましたが、とっさに返す言葉が出ませんでした。

もう、「ここにいるのはイヤだ！　限界だ」と思いました。この出来事はわたしにとって、ひどく辛《つら》いものでした。子どもにそう言わせているのは、その親でしょう。

この話を聞いた母は、わたしを東京に出すことを決めたのです。このまま鳥取の県立高校に入学させても、同じような嫌がらせが続けば、この子はおかしくなるんじゃないかと思ったんでしょうね。母の決断により、15歳のわたしは単身上京して慶應《けいおう》義塾高等学校に入ることになりました。

誰も「石破」を読めない幸せ

上京したわたしは、結婚し、東京に住んでいた姉の家の近所のアパートに住むことになりました。さすがに最初の1か月はホームシックにかかりました。なにしろまだ15歳でしたから。かと言って、理由もなく母に電話をしても心配をさせるだけ。寂しくなると、ふらりと東京駅に行って入場券を買い、特急のホームに上がっては行きかう人を眺めていました。

山陰方面行の寝台特急「出雲」のお客さんの半分は東京の人ですが、4分の1は鳥取の人、4分の1は島根の人です。ホームに佇《たたず》んでいると、懐かしい故郷の言葉が聞こえてくる。それが嬉《うれ》しかったし、「このままこの列車に飛び乗ったら明日の朝は鳥取なんだよなぁ、お母さんに会えるんだよなあ」と夢想したりしながら終電近くになるまで時を過ごして、アパートにとぼとぼ帰ったものです。「故郷の　訛り懐かし　停車場の　人ごみの中に　そを聞きに行く」……石川啄木の句の世界そのものでした。

しかしそんな郷愁に胸が苦しくなったのも、夏休みまでのことでした。２学期になった頃から、ホームシックなんてすっかり消えて、もう「人生って楽しいなあ！」と東京暮らしに羽を伸ばすようになりました。あのまま鳥取にいたら、違う人生が待っていたのかもしれません。

上京し、横浜市日吉の慶應義塾高等学校に入っていちばん嬉しかったのは、誰もわたしの名前が読めないことでした。

「石破」という名字はほぼ鳥取にしかない名字ですから、慶應の同級生はみんな読めない。鳥取では、「石破」と言えば「ああ、知事の息子か」ということになりますが、慶應高校では、「せきは」とか「いしやぶり」とか言われる。そのうえ、石原慎太郎先生の長男である（それよりも校内では「石原裕次郎の甥《おい》っ子」というイメージでしたが）石原伸晃さんが１級下、中川昭一先生の弟が同級生と、いわゆる「権力者」の一族が山ほどいましたから、鳥取県知事の倅《せがれ》だからといって、まったく特別扱いされません。誰も自分を「体制そのもの」などと批判しない。それはすごく嬉しいことでした。

「石破茂オタク伝説」の原点 鈴木哲夫❷

石破茂について、「理屈っぽい」と言う人も少なくない。何か質問されたとき、じっくりと考え、センテンスを区切りながら、わかりやすく説明しようとする姿勢がそう見えるのかもしれない。

また、彼はことあるごとに「オタクだ」と称される。普通なら、「オタク」と呼ばれて喜ぶ人はいないだろう。だが、彼はまったく意に介さない。それどころか、ニコニコと笑顔で応《こた》えている。

確かに石破は、漫画はもとより、アイドル、鉄道などについても詳しいし、なにより本人自ら、それらが好きだと公言している。その結果、「漫画オタク」「アイドルオタク」「鉄道オタク」などと呼ばれる。

だが、私は石破が「理屈っぽい=論理的」であることは認めるが、「オタク」と呼ばれることに、ひどく違和感を持っている。

石破はなんにでも興味を持つ。しかも人とは違う視点を持つ。それは「あえて」

だろう。むしろそうすることを楽しんでいるように見える。

「へそ曲がり」と言うと誤解を招きかねないが、その視点の根幹にあるのは、実は好奇心であり、類《たぐい》まれな探求心なのではないだろうか。

石破は「人とは違ったほうからモノを見る能力に長《た》けている」ということだ。

私も、ジャーナリストとして心がけていることは「へそ曲がりであれ」ということだ。みんなが表に回ったらひとり裏口に行く。みんなが勝者にインタビューしていたら、ひとり敗者のところへ行く。そこからスクープが生まれ、読者や視聴者には物事の別の側面を提供できる。考えるヒントとして、たくさんの真実を提供するのがジャーナリストの仕事だと思うからだ。だから私は、石破と同じ「へそ曲がり」という価値と面白さと楽しさを共有しているのではないかと、生意気ながら感じてきた。

私が、石破と某タレントとカラオケに行ったときのことだ。歌手の太田裕美の話になった。

某氏が「太田裕美っていうと『木綿のハンカチーフ』だよね」と、当たり前の曲名で口火を切ったのに続き、へそ曲がりの私が「『雨だれ』かな」と言うと、石破はさらに変化球を投げてきて「やっぱり『九月の雨《セプテンバーレイン》』だよ」と言い、すかさずリクエストして熱唱した。

そのとき、石破がぐっと力を込めて歌ったのが、いちばん最後の「九月の雨は冷たくて～」の転調のところだった。サビの最後の最後の部分、そこでこの曲は意外なコード進行を見せるのだが、石破氏は「そこがいいんだよね」と、たったその一か所にこだわり、何度も頷《うなず》いていた。

そのとき私は、「石破の頭の中」をほんの少しだが理解したような気がした。そして確信した。

石破のこだわりは、俗にいうオタクのこだわりなどではない。まずは音楽そのものが大好き。そして、自分のこだわりで曲を選ぶことがこの上なく楽しい。そして、他人が気づかない彼だけの大好きな部分を見つけることで、なお喜びが増す。

彼はしばしば「論理の人」と評されるが、先にあるのは、実は感性豊かで、クリエイティブな部分。そこを理論づけて説明しているのだ、と――。

これが、私なりの「石破オタク説」である。

なぜか猫に好かれる！　と評判の石破氏

アイドルの系譜は、南沙織から浅香唯まで

「アイドルオタク」と言われますが、わたしが特に変わっているわけではなく、実はわたしの世代の多くは、昭和46（1971）年にデビューした南沙織など、数多《あまた》のアイドルとともに生きてきたのだろうと思っています。

たとえば、太田裕美の「九月の雨」は昭和52（1977）年9月に発表された曲です。当時、彼女の「九月の雨」と岩崎宏美の「思秋期」がヒットしていて、学生の間では、太田裕美派と岩崎宏美派に分かれて、どちらがいいか、侃々諤々《かんかんがくがく》やっていました。

わたしは基本的には、岩崎宏美派だったんです。でもやはりライバルのことも知っておかねばならないから、太田裕美のこともちゃんと研究・分析もしていました。だから太田裕美、岩崎宏美、アグネス・チャン、柏原芳恵、河合奈保子、キャンディーズあたりは、シングル曲ならいまでも全部歌えます。

独身の頃には彼女を乗せてドライブするために、「この景色にはこの音楽だよな」

って、前の日に一所懸命テープ編集したりもしたはずです。今の若い人は知らないでしょうが、カセットテープの編集というのは、それはそれは時間と気を遣う作業です。だからこそお気に入りの1本が完成したときは嬉しいものです。

実は、わたしの本格的なアイドル分析は、ピンク・レディーあたりでいったん断絶しています。それは、ピンク・レディーがいわゆる「つくられたアイドル」であり、あまり共感できなかったからでした。こうやったら売れるだろうと計算に計算しつくしたような感じで、なんか違和感があったんですね。それでも、浅香唯ぐらいまでは断続的に続きました。

クラシックも意外と好き！

意外でしょうが、実は、わたしはクラシックもかなり好きです。

ベートーベンだと、一般的には交響曲第3番の「英雄」と第5番の「運命」、第6番の「田園」と9番の「合唱」の人気が高いようです。だけどわたしは、どちらかと言うとマイナー曲ながら7番の「イ長調作品92」が好きです。

ブラームスの交響曲「1番」「2番」「3番」「4番」の中では、なぜか「2番」がいちばん好きだし、モーツァルトの交響曲だと「41番」がいちばん好きです。そういうこだわりはありますが、それは「好きだから」ってことに尽きるんです。

よく「アイドルオタク」とは言われるけど、「クラシックオタク」とは言ってもらえないのが残念ですね。

「岩崎宏美の全曲を歌えます」とか、「河合奈保子の全曲を歌えます」とか、「キャンディーズの全曲を歌えます」と言えば、「なんか変な人」ということで揶揄《やゆ》する対象にしやすいのでしょうが、「ベートーベンの7番が好きだ」とか言っても、面白くないからでしょうか。そのへんが不思議でならない。わたしの中では、こだわりを持っているという点では、まったく同じなんですがねぇ。

『少年サンデー』につられて習ったピアノ

よく「漫画オタク」だとも言われます。こちらも自信がありますね。漫画については幼稚園の頃からとにかく大好きでしたね。

当時は『少年画報』とか『冒険王』とかの月刊漫画雑誌が人気で、ほんとうに貪《むさぼ》るように読んだものです。とはいえ、毎月買ってもらえるはずもなく、散髪屋さんでまとめて読んでいましたよ。

まだ戦争が終わって20年も経《た》っていない時代でしたが、その頃の漫画は戦艦大和とゼロ戦ものが定番で、「0戦《ゼロ》はやと」とか、「ゼロ戦レッド」、「紫電改のタカ」などといった戦争ものが多かった。

月刊誌は買ってもらえませんでしたが、週刊の『少年サンデー』だけは買ってもらえました。当時『サンデー』では、「オバケのQ太郎」が大人気でしたが、わたしは「おそ松くん」の、チビ太、トト子ちゃん、デカパン、レレレのおじさんとかが大好きでした。

そうそう、小学4年のときに「おそ松くん」で戦争を描いた回があってね。これは強烈に覚えています。

無人島で、六つ子やトト子ちゃん、イヤミとかが楽しく暮らしている。ところが戦争になって、その島が戦争に巻き込まれ、みんな死んでしまうんです。

赤塚不二夫作品の中では異色の世界でしたが、そのとき、「戦争っていやだな」と思ったことを強烈に覚えています。これを一度わたしのブログに書いたら、「俺も読んだ」といった共感のコメントをいただきました。

また、海洋ＳＦ漫画の先駆者である小沢さとる先生の潜水艦もの、「サブマリン７０７」「青の６号」などにも夢中になりました。この話もどこかで話したら、小沢先生のお目に留まったようで、その後お手紙や色紙をいただいたりして、ありがたく事務所に飾っています。

ところで、『少年サンデー』を買ってもらうにあたっては、母からある条件を出されました。それは、ピアノを習うことでした。

わたしには、昭和15（１９４０）年生まれと昭和16（１９４１）年生まれの２人の姉がいます。下の姉ともわたしは16歳離れているのですが、姉たちが高校生になるまでは我が家はまだ貧しかったので、ピアノ教室に通わせてやれなかった。それが心残りだったのか、母はわたしにピアノを習わせ始めたんです。

幼稚園生のときにヤマハの音楽教室に行って、小学1年生からはピアノの先生につくことになりました。『少年サンデー』の発売日は確か木曜日だったと思いますが、母はその日をピアノの練習日にあてて、「ピアノを練習しないと漫画を買ってあげな

両親に囲まれて……。少年時代の石破氏

いよ」という作戦に出たわけです。

もちろんわたしは迷いもせずにその条件を呑《の》んだわけですが、そもそも才能はないし、練習も嫌々やっているのですから上達するはずもない。結局、小学5年生のときには、家族全員が「残念ながらこの子にはピアノの才能がない」ということを認めて、ピアノのレッスンから解放されることとなりました。

しかし母は、今度は絵画教室にも通わせたし、書道教室にも通わせました。まあ、歳《とし》をとってからできた息子にいろいろな夢を託したんでしょうが、残念ながらどれもモノにならなかった。多少、音感だけはついたのが救いでしょうか（笑）。

好きなものは好き！　そうでなければ物事は究められない

わたしは子どもの頃からとにかく動くモノが大好きでした。小学校の頃から、「あ、これブルーバードだ」「これはコロナだ」「これはスカイラインだ」「これはクラウンだ」「これはセドリックだ」と車の名前をよく覚えていました。それも「セドリック」だけ当てるのではなく、「セドリックカスタムだ」とか「セドリックスペシャルだ」「セドリックパーソナルデラックスだ」とか、そこまで細かく言える変な子でした。

当時は、新車はまずタクシー会社から入ったものだったんです。だからクラウンの新型とかセドリックの新型が入ったと聞くと、タクシーの営業所に駆けつけては、「カッコいいな」と日がな一日うっとりと見ていましたね。

車だけではなく鉄道も好きですが、政治家の中で、「あれ、20系車両だよね」「違うよ、14系車両だよ」「違うよ、25系だよ」みたいな話が通じるのは、前原誠司さんだけだと思います。２０１７年の希望の党への移籍の際には、マスコミにずいぶんと叩《たた》かれていましたけど、彼はちゃんと考えがあってやったことだと思っています。

「鉄道オタク」と言われることは嫌じゃありません。わたしのＬＩＮＥのスタンプがあるのですが、電車ものの絵柄が、鉄道ファンたちに受けているみたいです。わからない人たちには、「なんでおまえ、そんなの好きなんだ。面白くないじゃないか」とも言われます。だけど、そう聞かれても言葉で説明するのは難しい。「好きなものは好き」としか言いようがない。「なんでおまえ、あんな女が好きなんだよ」って言われても、そりゃ論理で説明するのは無理な話。それと同じでしょう。

「好きなものは好き」としか言いようがなくて、でも、何事でも好きでなければ物事は究《きわ》められないのではないかと思うのです。そういう意味では、いろいろな人と共感できる箱をたくさん持っているということは大事なことだと思います。そうしたことがきっかけで、党派を超えて理解し合える友人ができるのも、悪いことだとは思いません。

そもそも自分自身、探求心とか好奇心とかが旺盛《おうせい》なほうだと思います。だから「オタク」と呼ばれることにも、あまり抵抗感はありません。オタクって揶揄されたほうが政治家としても、面白いんじゃないんですか。

そして昭和61（1986）年に初当選して以来、オタクと言われながらも30年以上、いまなお政治家生命を保っているわけで（笑）。

人が生きていくうえで、「こだわり」ということも大切だと思います。いろいろなものが好きだという浮気者なのかもしれませんけど、そのおかげで人生の幅が広がるということもありますし、その多くの好きなものの中に「こだわり」がなければ、人生自体もつまらないものになってしまうのではないかと思うのです。

第二章

石破茂の家族の肖像

石破氏は実は「愛妻家」。右が佳子夫人

実は愛妻家 鈴木哲夫❸

石破夫人の佳子《よしこ》は石破の慶應大学時代の同級生だ。佳子は大学生時代から美人で人気者、みんなの憧れの的だったようである。石破自身、初めて彼女を見たときには「こんなきれいな人がこの世にいたのか!」と思ったというし、「高嶺《たかね》の花だった」と述懐する。

そんな佳子と石破が結婚したのは昭和58(1983)年9月22日のこと。石破に「奥様とは大学のときから付き合われて一度も別れずにそのままゴールイン?」と聞くと、「そんなことありません。紆余《うよ》曲折《きょくせつ》の末……」だと、恥ずかし気に答える。どうやらこの2人、結婚するまでには様々なことがあったらしい。

2人が結婚して3年後の昭和61(1986)年7月6日、石破は第38回衆議院議員総選挙に、鳥取県全県区(定数4)から自由民主党公認候補として出馬して初当選を果たした。以来、佳子は代議士の妻として石破を支え続けているが、地元・鳥取での評判はすこぶるいい。

「とても気さくで明るい」

「小さな会合にでも喜んで来てくれるし、話も面白い」

「まあ、石破先生が選挙に強いのは、半分以上、奥さんのおかげ」

そんな支持者の声をよく耳にする。

実際、石破自身、「地元のことはすべて妻に任せている。自分が政治家を続けられているのも彼女のおかげだ」といたって謙虚だ。

あえて石破に「奥さん、おきれいですよね」と水を向けると、「まあ、小柄だからね。10歳ぐらいは若く見えるらしい……」なんて言いながら、まんざらでもない表情を見せる。実は、石破は大の愛妻家なのである。

そこで改めて、夫婦の馴れ初め《なそ》から聞いてみた。私にしてみても、これほど突っ込んで奥さんのことを聞いたのは初めてのことだったが、「石破の頭の中」を覗《のぞ》くには避けては通れない！

「そんなこと聞いて面白いの？」と石破はやや照れたような表情を浮かべながら、それでも真面目《まじめ》に私の質問に答えてくれた。

こんなにきれいな人がこの世にいるのか！

今はどうかわかりませんが、当時は慶應高校生っていうと、それだけでけっこうもてたらしいんです。「慶應高校に通っているというだけで女性を口説ける」と言われていたほどです。いわゆる「慶應ボーイ」の本来の定義は、幼稚舎から通っている学生だけだ、と言う人もいるようですけどね。

でも、田舎の中学から出てきたばかりのわたしに女性を口説くような度胸はまったくなかったし、そもそもそんな文化にも染まらないまま、庭球部に入ってテニスばかりやっていた。だから、ほとんど女性と口を利く機会もないまま、あっという間に高校の3年間が過ぎ去ってしまいました（笑）。

そんなわたしが慶應大学法学部法律学科に入ったのは昭和50（1975）年のことでしたが、中学以来、3年ぶりの男女共学の場だっただけに、見るものすべてが美しかった。そこで、わたしはのちに妻となる女性と出会ったわけです。

彼女は1年Ｄ組、私は1年Ｆ組でしたが、２人とも第二外国語にドイツ語を選択していたので同じ教室で授業を受けることになった。そのとき、「わぁ、こんなにきれいな人がこの世にいるのか！」と思ったのが最初の印象です。

とはいえ、わたしにとっては高嶺の花……。なにしろスターみたいな人でしたからね。それでも気になって人づてに聞いたところでは、中学校、高等学校は女子学院に通っていたとか。

それを聞いて、「これはもしかすると、何か縁があるかもしれないぞ…」と密《ひそ》かに思いました。と言うのも、２人の姉が女子学院に通っていましたし、上の姉は当時、女子学院の教師もしていたのです。それで、何か糸口を探そうとしたのですが、現実は厳しい。そんなことがきっかけになるわけもなく、なかなか声もかけられずにいました。

その一方で、わたしは「高校3年間は楽しくて遊んでばかりいたから、さすがに大学ではちゃんとやろう」と思って真面目《まじめ》に勉強を始めました。

特に、刑法という学問は性に合っていたらしく、メチャクチャ勉強して、学年末試験のときには「石破のヤマかけ講座」を開設しました。学期末の刑法総論の試験にはこれが出るだろうとわたしが予想した問題を書き、模範答案も準備して、みんなに「きっと、この問題が出るよ」「この答えを書けば、A評定は間違いなし！」とやったわけです。

その講座になんと彼女がやってきたのです。しかも、そのときにわたしのヤマかけが見事に当たったのです。

もっともわたしが出したのは「罪刑法定主義について論ぜよ」という、実にスタンダードな問題でしたからあまり自慢にならないのですが、模範解答が我ながら実によくできていたのは確かです。それで、彼女から「ありがとう」とお礼を言われたことがきっかけで、なんとなくお付き合いめいた、付かず離れずの関係が始まりました。天にも昇る気持ちでしたが、顔に出さないように気を付けました。

あの頃、わたしは彼女に気に入られたい一心で、実によく勉強しましたね。スポーツができるわけでもない。同級生のように家に高級外車があるわけでもない。あるいは中等部から上がってきた同級生のようなナンパのテクニックを持っているわけでもない……。もう勉強するしか武器がなかったからです。

おかげで2年生のときも「石破のヤマかけ講座」で見事に学期末試験の出題を当

てて、彼女との距離はまた少し縮まって、たまに食事に行ったりするようになりました。

わたしは、実は伊勢正三とか、南こうせつとか、堀内孝雄とか、ああいうニューミュージック系の歌もかなり詳しいし、好きなんですが、それは彼女がそのジャンルの曲が好きだったからなのです。「それでは究《きわ》めてみようか」と、せっせとニューミュージックも聴くようになったし、テープを作って彼女とドライブしたりもしましたね。

しかし、そんな努力の甲斐《かい》もなく、在学中はそれ以上の仲に進展することはありませんでした。そしてついに卒業

学生時代の石破氏

のときがやってきました。

卒業したらもう二度とチャンスはないと思ったわたしは、卒業式のあと、ホテル・ニューオータニで開かれた謝恩会で思いきって告白しました。生まれて初めての恋の告白です。

「これから結婚を前提として付き合ってくれませんか」と――。

――ごめんなさい。

ものの見事にフラれました。

そのとき、わたしはすでに三井銀行に就職することを決めていましたが、彼女にキッパリと言われましたよ。

「だいたいあなたは、司法試験を受けて弁護士になるとか、大学に残るとか言ってたけど、結局、わたしと結婚したいから、早く就職して稼げるようになりたいんでしょう。わたし、そういうの、生き方として許せません」

「……」

いやもう、「お見事、そのとおりです！」みたいなご名答でしたね。そういう部分で彼女は、非常に冷静で真っ当な判断ができる人ですからね。いまでも……（笑）。

失敗したと思った銀行への就職

そういうわけで、銀行に入ったその日から、わたしは「やっぱり就職先を間違えた！　明日辞めようか、明後日辞めようか」と思っていましたね。

彼女にズバリと言われたことも理由の一つでしたが、まず不器用なので札勘定のとき札束がうまく開けない。きれいに開こうとするのですが、バラバラッと散らばってしまう。それだけじゃない。計算機もうまく使えない。それですっかり自信をなくしてしまったんです。

当時、都市銀行と言えば、第一勧業銀行、富士銀行、三菱銀行、住友銀行、東海銀行、三和銀行、それに三井銀行だったんですが、他の銀行は算盤《そろばん》ができるのが採用の条件だったのに対して三井銀行だけは算盤ができなくてもいいという話でした。いわば都市伝説のようなものでしたが、それがわたしが三井銀行を選んだ理由の一つだった。算盤なんてまったくできませんでしたから（笑）。

実際、就職したら三井銀行は計算機でＯＫでした。ところが、その計算機すらうまく使いこなせないことが判明したのです。そこでようやく、自分がそもそも銀行員に向いていないのではないかとハタと気がついたわけです。

わたしが配属されたのは、日本銀行から歩いて10分ぐらいの東京都中央区にあった本町支店でした。あのあたりは、室町三井村と呼ばれていましたが、エリア内の上場企業は東京支店の担当、その他の中堅企業は本町支店の担当でした。本町支店の預金量は三井銀行の中では7番目の支店でしたが、同期入行組は、大卒男子がわたしともう1人の2人、大卒女子が1人、高卒女子が8人でした。

銀行員には向いていない、仕事選びを間違えた、と思ったものの、なんにも身につけないで辞めるのは悔しい。だから、せめてお札の勘定と計算機だけはいちばんになって辞めようと思って、来る日も来る日も朝早く行っては、お札の勘定と計算機の練習に励みました。

そうしたら不思議なことに、ある日突然、お札をパッと広げて勘定できるようになった。自転車に乗れなかった人が練習しているうちに、ある日突然乗れるようになるのと同じですね。4月に入行し、6月には札束を孔雀《くじゃく》の羽のように広げられるようになり、社内のテストでもトップの成績をとれるようになっていました。

また、銀行では1年か2年に一度、鬼のように怖い検査官がやってきて、各店舗の事務管理体制をチェックするのですが、その検査官から「いや、君みたいに優秀な新人は初めて見た。君はきっと偉くなるよ」と言われたこともありました。

その検査官も人を見る目がなかったなと思うのですが、現金なもので、褒められたわたしは、それまではウジウジと悩んでいたくせに、たちまち仕事が楽しくなって、辞める気などすっかりなくなっていきました。

社会に出てこそ学べることがある

それにしても人間というものは、勉強だけでは一人前にはなれないものだと思います。社会に出て、様々な失敗や経験を積む中で少しずつ成長していく。わたしもそうだったと思います。

窓口業務に出た最初の日のこと、わたしは大失敗をやらかします。

お客様に、100万円も多く渡してしまったのです。

その日の窓口業務が終わって、勘定してみると伝票と現金が合わない。そりゃそうです。わたしがお客様に100万円の束を一つ多く渡してしまっていたのですから……。

——辞表を書くか。それとも首を吊《つ》ろうか。

目の前が真っ白になりました。入社したてのわたしがそんな大金を補填《ほてん》できるわけもありません。

でも、ありがたいことにお客様が「三井さん、100万円多かったよ」と言って、お金を持ってきてくれたのです。命拾いをしました。とはいえ、その日のうちに「こいつは窓口には向いていない」ということになり、貸付係に回されてしまいました。

ところが、貸付係に回された私は、今度は「これで金を貸さないのはかわいそうだ」と言っては金を貸すようになってしまいます。でも、そういう思考になってしまうのはわたしだけではなかったと思います。

銀行員というと、なんだか融通が利かない杓子《しやくし》定規な人間に見られがちですが、そんなことはないのです。多くの銀行員はお客様のためにできるだけのことをしたいという気持ちを持っています。でも、結果的にそれがうまくいかないこともある。

銀行員のうち、ご融資先が自殺されたという経験を持っている人は、実は少なくないのではないかと思います。

ご融資をしたのはいいのだけれども、毎月の返済が滞って、「おかしいな」と思ってその会社に行くと誰もいない。慌ててその会社を紹介してくれた人に事情を尋ねると、「なんだおまえ、知らないのか。今日の夕刊を読め」です。そして、その日の夕刊には「中小企業社長、借金苦で自殺」という記事が出ていた。

わたしもそんな経験をしたことがあります。その晩はもう、主任に付き合ってもらって朝まで飲むしかありませんでした。駆け出しの銀行マンだった私には、1人では受け止めきれなかったのです。「貸すも親切、貸さぬも親切」ということが、あるのです。あのときは、「自分は窓口も向いてないし、貸付も向いてない。どうすればいいのだ？」と真剣に悩みました。

それでもなんとか勤めていたのは、基本的に銀行の仕事が好きになっていたことと、なにより、いい先輩や同僚に恵まれていたからです。

いまでも、当時の支店長を囲む会を毎年やっています。わたしは、昔も今もその支店長をたいへん尊敬しています。

「この人に叱られたら、よほど自分が悪かったんだな」と思えるような方で、最後は専務になられた。今年（２０１８年）は数えで米寿になられるはずですが、いまもとてもお元気です。

また、同期もみんな仲がいい。みんなもう、いわゆるアラ還ですが、集まるとたちまち当時の雰囲気に戻ってしまう。わたしが銀行を辞めてもう40年近く経《た》ちますが、「支店長を囲む会」だけは万難を排して出席しています。個人的には、1年で最も楽しい行事の一つですね。

突然だった父親の死と彼女からの弔電

上司にも同僚にも恵まれて、日々悩みつつも仕事をしていたわたしでしたが、昭和55（１９８０）年に父が病に倒れました。わたしが24歳のときです。

父はその年の7月に、鈴木善幸内閣で自治大臣と国家公安委員会委員長に就任したのですが、その直後に体調を崩して、病院で診《み》てもらったら膵臓《すいぞう》がんが見つかってしまった。12月8日に東大病院で手術を受けましたが、もう手遅れでした。「もって1年、早くて半年」という診断でした。

父は以前から糖尿病を患っていて、ずいぶん痩せてきてはいましたが、いたって元気でしたし、毎年8月には人間ドックに入って検診を受けていました。

ところが、その年は自治大臣になったもので、忙しくなって検診を受けていなかったのです。まあ、仮に検診を受けたとしても膵臓がんは早期発見が難しいし、まして40年近く昔のことですから、いずれにしても手遅れだったのかもしれません。

父は翌年の9月16日に、鳥取市内の病院で亡くなりました。享年73でした。覚悟はしていたものの、やはり父の死は堪《こた》えましたね。

ところが、父の死がきっかけでわたしと彼女との関係が復活し、結婚することとなるのです。

父の葬儀に、それまでまったく音信不通だった彼女から弔電が届きました。父の死は、自治大臣を務めていたこともあって新聞にも大きく報じられました。彼女はそれを見て弔電を打ってくれたのです。

彼女の心の中に、わたしへの想いが残っていたのかって？

そんなことありませんよ（笑）。弔電を送ってくれたのも、あくまで同級生の父親が亡くなったことへの心遣いだったと思います。

とはいえ、わたしにとっては思いがけないことでした。すぐに「弔電ありがとう」と電話をかけました。それから、なんとなく連絡を取り合うようになったのです。

大学を卒業して、彼女は丸紅に勤めていましたが、あの頃は、女性は24歳ぐらいで結婚するのが理想だなんて言われていた時代です。彼女は昭和31（1956）年8月生まれですからもう25歳になっていた。

それに彼女は2人姉妹の妹なのですが、お姉さんは東大出の三和銀行のエリート行員と結婚していました。だから、「まあ、妹も三井銀行の行員と結婚するんならいいか」という彼女の親の意向もあったのかもしれませんし、その当時、わたしも銀行を辞める気なんてさらさらありませんでしたから、「よかったよかった」と、なんとなくその方向に話が進んでいったということです。

第三章

政治家・石破茂の歩み

平成26(2014)年6月の参議院選挙で応援演説に走り回る石破氏

田中角栄の勧めで目指した政治家への道 鈴木哲夫④

父・二朗の死後、石破は鳥取の家を引き払い、母の和子さんを東京に呼び寄せ、一緒に住むことも考えていたと言う。当然、銀行員として働き続けるつもりだった。ところが父の葬儀が済むと、突然、田中角栄に呼び出され、「ぜひ衆議院選に出馬しろ」と勧められた。まさに青天の霹靂《へきれき》だった。

石破自身、自著『国防』（新潮文庫）に、「当時、闇将軍と呼ばれていた角栄さんに『君が出るんだ！　君が！』と言われて、フラフラとその気になってしまった」と書いているが、それは偽らざる気持ちだったに違いない。

この田中角栄の勧めがきっかけで、石破は昭和58（1983）年に三井銀行を退職して、田中角栄の派閥「木曜クラブ」の事務局に勤務したのち、自民党の公認を受け、「はじめに」で書いたように、昭和61（1986）年7月6日に投開票が行われた第38回衆議院議員総選挙に鳥取県全県区（定数4）から出馬した。

同年6月2日の中曽根康弘首相によるいわゆる「死んだふり解散」を受けての選

挙だった。

そのときの石破の公約は「鳥取県のために働きたい」の一点張りで、まだまだ日本全体あるいは世界の中の日本の在り方についての視点は明確にはなっていなかったと述懐する。石破は『国防』に次のように記している。

「鳥取県は農業県で、社会的インフラがそんなに整備されていませんでした。全国の県庁所在地で高速道路がないのは鳥取県だけで、新幹線はおろか電車も走っていないという状況です。ですから、公共事業と農業の振興、水産業の振興みたいなことが私の選挙公約でした。いまから思うと、ほんとうに申し訳ないというか赤面の至りというか。そんな公約だけで国会議員になって良かったのかという気がします」

とはいえ、政治家を目指す石破の気持ちの中には、鳥取県知事だった父の存在があったことは間違いないだろう。まずは鳥取県のために働く国会議員になろうと考えたのは自然な流れだったと言える。

そして石破は、得票数は最下位ながら見事に初当選を果たした。当時28歳と、全国最年少の国会議員だった。そしてそれ以後、連続当選を続け、政治家として、さらなる高みを目指していくこととなった。

政治家はおまえに務まらない

正直に言って、結婚した当時、わたし自身に政治家になろうなどという気持ちはまったくありませんでしたし、周囲から勧められたこともありませんでした。

大学3年から4年になるときに、珍しく父親に呼ばれて、「おまえ政治家になる気はあるか」と聞かれて、「まったくありません」と答えたことをよく覚えています。

そのとき、父は「おまえがもし、国家公務員試験を受けて合格したら、わ

学生時代、政治家になる気などサラサラなかったと言うが……

しがどこかに入れてやる」と言っていましたね。

父は昭和30年代前半に建設省事務次官を務めていましたから、知り合いの官僚がそれなりにいたのでしょうし、親としても自分と同じ役人の道を歩ませたかったのでしょう。

だけど当時の官僚の世界には私立大学卒も少しはいましたが、やはり東大法学部卒がメインでした。そこでわたしは「役人になっても出世できないのがわかっているならイヤだな」と生意気なことを思って、「官僚になる気は全然ありません」と答えました。

そのとき、父はがっかりしたような顔をしていました。そしてそのあと、「政治家になる気はあるか」と聞かれたのです。

これも否定したわたしに、父が「そうか、そうだよな。政治家はおまえみたいな人のいいやつに務まる商売じゃねえしなあ」と言っていたのもよく覚えています。

ところが、そんなわたしが政治家を目指すことになるのですから、人生とは不思議なものです。そのきっかけを作ってくれたのが田中角栄先生でした。

父の跡を継いで政治家になれ

父は田中角栄先生より10歳年上でしたが、田中先生の政治家としての力量を高く評価していたし、心酔していたと思います。

その父が亡くなる1週間くらい前のことでした。父が「田中に一目会いたい」と言うので、田中先生にお伝えしたら、すぐに父が入院していた鳥取市内の病院まで飛んでこられました。

その田中先生に父はこう言いました。

「最後の頼みだ。俺の葬儀委員長をやってくれ」

田中先生はその足で当時の鳥取県知事に会い、「私は石破君から葬儀委員長を頼まれたが、石破君は知事を4期15年もやった実績から言って県民葬になるだろう。だから、葬儀委員長は君がやってくれ」と依頼し、葬儀では友人代表として、涙ながらに次のような弔辞を述べてくれました。

「葬儀委員長をやると約束したのに、君の実績ゆえこうして県民葬になった。友人代表として弔辞を述べることを許してくれ」

普通であれば、それで十分に義理は果たしたと思うところでしょう。ところが、田中先生は違いました。

後日、わたしが目白まで行ってお礼を言ったら、「おい、あの葬式には何人来たんだ」と聞かれました。

わたしが「確か2500人だったと……」と答えると、すぐに秘書の早坂茂三さんを呼んで、「3000人集めろ！　青山斎場を予約しろ」と言い出したのです。

びっくりして「なんでですか？」と尋ねるわたしに、田中先生はこう言い

親交の深かった田中角栄氏（左）と父・二朗氏（右）

ました。

「おまえの親父と約束したんだからな。俺が葬儀委員長で葬式をやるぞ」

「えっ……？」

そうして最初で最後の、いわゆる「田中派葬」が行われたのです。

父は大臣までやっていましたから、自民党葬という方法でもよかった。ただ、党葬にしたら、葬儀委員長は、時の総理大臣・鈴木善幸先生になってしまう。それでは父との約束を果たしたことにならないから、田中派の衆参両院議員全員が発起人となり、田中先生が葬儀委員長として葬儀を執り行ってくれたわけです。

そして田中先生は、青山斎場で涙ながらに「石破君、君との約束を俺は今日、こうして果たしているぞ」という弔辞を読んでくれたのです。

そういうことは、金があればできる、権力があればできる、という類《たぐい》のものではありません。田中先生には、それを超える発想力や決断力、そして人間力とでもいえるものが備わっていたと思います。わたしは「田中先生は人間じゃない。魔神だ」と感じましたね。

そして、そのお礼に再び目白を訪ねたとき、田中先生から「父の跡を継いで政治家になれ」と言われたのです。

そのとき、わたしは、父は参議院議員でしたから、その跡を継げということかと思いましたが、参議院の被選挙権年齢は満30歳です。

そこで「私はまだ24歳なので、父の跡を継いで参議院選挙に出ることはできないと思いますが」と答えました。すると田中先生は、わたしに、こう仰《おっしゃ》ったのです。

「誰が参議院に出ろと言った。衆議院だ！　再来年は衆参ダブル選だ。そのときはおまえも26歳だろう！　1人辞めるから、君はそのあとに入れ！」（編集部註：この2年後の衆院選時はダブル選挙にならず、実際に初出馬・初当選するのは、二朗の死から5年後の第38回衆院選で、石破28歳のとき。全国最年少の国会議員となる）

さらに田中先生は、「いいか！」と言って机をバシーンと叩《たた》いて言いました。

「この日本で起こることはすべてこの目白で決めるんだ。わかったか！」

それでもまだ、わたしが返事もできずうろたえていると、さらに田中先生の言葉が続きました。

「君は自分さえ良ければそれでいいのか！　君の父親は県知事15年、参議院議員7年。君が跡を継がなかったら、これまで応援してくれた地元の人に申し訳ないと思わないのか！」

田中先生にそこまで言われては、「考えさせてください」と答えるのが精一杯でしたね。

そして結局、昭和58（１９８３）年に三井銀行を退職して、田中先生の派閥「木曜クラブ」の事務局に勤務したのち、自民党の公認を受けて立候補することとなったのです。

そういうわけですから、もし田中先生がいなかったら、わたしは政治家にはならなかった。それは１００パーセント間違いありません。

おまえ、嫁がいなかったな

わたしが「木曜クラブ」の事務局に入ってしばらくした夏のある日のことでした。田中先生に呼ばれて部屋に行くと、いきなり、こう言い始めました。

「おまえ嫁がいなかったな。おまえのお父さんはまっすぐな方だったから、おまえんちあんまり金がないしな。新潟の土建屋の娘にいいのがいるから一緒になれ」

そんなこと言われても、わたしには結婚を考えている彼女がいます。「ヤベッ」と思い、「実はわたしには大学時代の同級生の女性がありまして、彼女と結婚しようと思っておりまして……」と言葉を濁していると、「何が大学の同級生だ!? 政治はそんなに甘いもんじゃない」と、今度は怒り始めたのです。「困ったなあ……」と思って黙って聞いていると、「だいたいその大学の同級生とかいう女は、どこに勤めてるんだ？」ときた。

これにはさらに困りました。

前述したように彼女は丸紅に勤めていました。丸紅と言えば、ロッキード疑獄事件の関係で、田中先生にしてみれば口にもしたくない会社です。それでも嘘《うそ》をつくわけにもいかず、正直に社名を明かすと、やはり激怒されてしまいました。

「なにぃ、丸紅だと！　おまえ、俺に何か恨みでもあるのか！」と――。

「いいえ、恨みなんてまったくありません」と言っても、田中先生の怒りは一向に収まりません。

「せっかく新潟の土建屋の娘を紹介しようと思ったのに、事もあろうに丸紅の女とは何事か。だいたいな、その丸紅の女の親はどこの出身だ！」

「……彼女のご両親は新潟のご出身です」

奇跡が起きました。

「お？　おぉ、新潟か。それならいい」……それで終わりました。

もし、彼女のご両親の出身が新潟でなければ、大変なことになるところだったでしょう（笑）。

そして田中先生は、仲人をお願いするわたしに、「何を言うんだ、おまえには親父がいねえじゃないか。親代わりで、おまえのおふくろさんの横に立ってやりたいんだ」と仰ってくださったのです。

わたしたちの結婚式は赤坂のホテル・ニューオータニで挙げました。昭和58年（1983年）の秋、ちょうどロッキード事件の一審判決の2週間くらい前で、マスコミがわんさか押し寄せましたが、式場の中には絶対に入れませんでした。

その式に田中先生は親代わりとして、ずいぶん早くから来てくださいました。そして受付にずっと立ち、来賓の方々に「今日はありがとう、ありがとう」と挨拶してくださいましたし、最後の最後までいてくださいました。

その田中先生の、結婚式でのスピーチも秀逸でしたね。

「聞くと、花嫁の勤め先はなんと丸紅だというじゃありませんか。わたしはこの結婚を認めまいと思ったが、なんと親は新潟だというじゃないですか。わたしは言ったのであります。丸紅はいい会社だ。わしのことがなければもっといい会社だ」

出席していた丸紅の幹部たちはみんな震え上がっていましたが、会場がどっと沸いたことは言うまでもありません。あのへんが田中先生のすごいところです。

そういう人だったんです。田中先生は――。（編集部註：昭和58年10月12日、田中角栄に有罪判決が下る。懲役4年、追徴金5億円。その5日後に田中は保釈保証金2億円を納付し、保釈されたが、これにより国会は紛糾し、衆議院解散となる）

田中角栄の教え

わたしが最初に選挙に出たのは29歳のとき、昭和61（1986）年です。第38回衆議院議員総選挙に、自由民主党公認で鳥取県全県区から出馬し、初当選することができました。

当時、全国最年少の国会議員でした。

鳥取に帰って準備を始めたのは、昭和59（1984）年、27歳のときのこと。鳥取に帰る前に、目白の田中角栄先生に暇乞《いとまご》いに行ったらこう言われました。

「おい、おまえみたいなあんちゃんが、なんで自民党公認で出られると思う？」

出ろと言ったのはあなたでしょう——とはもちろん言えません。

田中先生はさらに言葉を続けました。

「それはな、おまえは1億8000万円安く出られるからだ」

「なんですか、それ？」

「そんなこともわかんねえのか。おまえの名前の売り賃と信用代だ。

つまり、石破茂なんて誰も知らなくても、お父さんのおかげで、鳥取の人は皆、石破という名前は知っている。

あのお父さんの子どもだったらきっと政治家としてやっていけるだろうと鳥取の人たちは思ってくれる。名前の売り賃と信用代がおまえはタダなんだ」

要は、二世であるということで名前の売り賃と信用代がタダだから、安く出られるし、当選する可能性も高い。だから自民党の公認を受けて出馬することもできる。それだけのことなんだ。

そう言われて悔しかったら、いますぐ鳥取に帰って5万軒挨拶回りをしてこい。地元の人たちに寄り添い、彼らの声に耳を傾けてこい。

そうしてこそ、本当の政治家として道が始まる、ということだったのだと思います。

田中先生は、同じことを羽田孜先生にも小沢一郎先生にも言っておられたそうです。

「おまえたち、知ってるか？　若くして自民党の国会対策委員長になった梶山静六、東北のケネディと言われる渡部恒三、あいつらはエライぞ。あいつらから見れば、おまえらなんか単におやじが国会議員だっただけじゃないか」

悔しかったのはわたしだけではなく、羽田先生も小沢先生も一緒だったと思います。田中先生は、そうやって二世たちに政治家としてあるべき姿を教え込んでいたのです。

もちろん、その教えを守った人もいればそうではない人もいるのでしょうが、少なくとも、小沢一郎先生、羽田孜先生はそのとおりやってきたし、わたし自身もその教えを受け継いでいる1人だと自負しています。

娘たちとわたしの関係

昭和62（1987）年には長女が、そして平成2（1990）年には次女が誕生しました。

いまは2人ともごく普通の会社員として働いていますが、わたしがそうだったように、政治家の子どもだということで、それなりに大変なこともあるかもしれません。

また、彼女たちは、政治家の子どもであるということを、どこか醒《さ》めた目で見ているというか、客観視している部分もあるようです。

それもわかるような気がします。わたしが小学2年生だった頃、こんなことがありました。

父が珍しく早く帰ってきて、公用車にわたしを乗せて、兵庫県まで行ってちっちゃな入り江で遊んでくれたことがありました。

いまでこそ、そんなことをしたら大変なことになりますが、当時は公用車を私用に使うことが大目に見られていた時代です。

そのとき父が、ポツリと「ここならわしを知った者はおらんからな」とつぶやいたのです。その父の言葉をわたしはいまもはっきりと覚えています。

父が忙しかったせいもあって、親子で会話をする機会なんてほとんどありませんでしたが、いまにして思えば、きっと父もわたしとの時間をもっとつくりたかったんじゃないかと思います。

これは父が亡くなったあと、母から聞いた話ですが、父がわたしを近くの山の上まで連れていってくれたとき、帰ってくると母に「二度と倅《せがれ》は連れて歩かん」と言ったのだそうです。

「なぜですか」と母が聞くと、父は「会う人会う人、自分の父親に頭を下げるようなところを見せるのは絶対いかん。だから倅は連れて歩かん」と答えたというのです。

みんなが自分に頭を下げるのは、知事という権力の座に就いているからで、決して自分が偉いからではない。だが、自分に会った人が次々に頭を下げるのを見て、息子が自分も偉いんじゃないかと錯覚するようなことがあってはならないと思ったのでしょう。

わたしの場合もそういう部分があるのかもしれない。そういう意味では、わたしと娘たちの関係も、普通の父娘とはちょっと違うかもしれない。

娘たちの結婚相手？

わたしは「わたしが選んでうまくいかなかったら、みんな親が悪いんだということになるから、そんなもん自分で探せ」と言っています（笑）。

客観視をしてきたせいでしょうか、２人とも政治の世界にはあまり興味がないようですね。

家内も「政治家なんて甘いものじゃないわよ。大変なのよ」と言っていますから、わたしの背中を見て政治の道に進もうとは思っていないんじゃないでしょうかね。

なくてはならない妻の支え

わたしにとって妻はなくてはならない存在です。

平成14（２００２）年に小泉純一郎内閣の防衛庁長官になってからは、めったに地元に帰れなくなりましたから、選挙はほとんどカミさんでもっているようなものですよ。

期せずして、銀行員を辞めて政治家を目指すことになったときから、それなりに覚悟はしてくれていたと思います。それでも最初は大変だったろうと思います。

そもそも、わたしと結婚して鳥取に住むようになったときにはかなりカルチャーショックを受けていました。

なにしろ東京の人ですし、日本でいちばんの都会からいちばんの田舎に来たわけですから、戸惑うのも当然だったと思います。

わたしの地元である鳥取県東部は、方言はそんなにきつくありませんが、それでもまったく違う言葉をしゃべっているし、文化も違う。それがまず辛《つら》かったようです。

当時は、たとえば東京ではネオンサインが動いているのが当たり前ですが、鳥取のネオンサインは動かない。

また、鳥取は電車というものがなくてディーゼルカーで、ドアは手で開ける。後援者と一緒にカラオケへ行ったりすると、背景の東京の映像を見て懐かしさが込み上げる。東京で生まれ育った彼女にしてみれば、こういう一つひとつが大変なことだったのだと思います。

それに当時は中選挙区制の時代で、後援者を探すのも一苦労だったし、議員の奥様同士の闘いも、今とは比べ物にならないほどだったと思います。ましてやうちの選挙区には相澤英之先生がいた。相澤先生の奥様は大女優の司葉子さんですから。握手しただけで票がどんどん増えると言われていました。

もう1人のライバルは、うちの父親の後に鳥取県知事になった平林鴻三《こうぞう》先生でしたが、この奥さんもまたできた方でした。

そんな中でも立派だと思うのは、うちの妻は変に媚《こ》びたりしないのです。いまも、とってつけたような鳥取の方言はひと言もしゃべらないし、たとえば街頭演説でも「石破がお世話になりました、どうもありがとうございます」とお礼は申し上げても、自分の旦那の自慢話は一切しない。生まれ持った謙虚さがあるのです。

それで、うちの後援者たちは「先生はどうでもいいけど奥様がいいからね」と言ってくれる。それがわたしも嬉《うれ》しいですよね。

カミさん、小さいんですよ。身長153センチぐらいで、とうに娘にも追い抜かれている。選挙カーに乗り降りするのも一苦労だから、この前の選挙のときもこう言ったんです。

「選挙カーも毎日無理して乗らなくていいよ。転んだりしたら大変だから」

でも、そんなことを言うと、本気で怒るわけですよ。

「あなたが選挙区に帰れないんだから、わたしが乗らないでどうするんですか」とね。（編集部註：石破は選挙期間中は、自分の選挙区である鳥取に帰ることよりも、ほとんど他の候補者の応援演説に奔走する）

妻は有権者に対するリスペクトというか、大事にしたいという気持ちがすごく強い。それが有権者の方々に伝わっているのだと思います。

そして、先にも申し上げたとおり、大学はわたしと同期の法律学科出身。ですから、家に帰ってから、妻の鋭い政治批評を聞くこともあります。なるほどと思うところが少なからずあります。

いずれにしても、地元において、わたしの票の相当部分は彼女のおかげであることは間違いありません。

2度目の選挙で政治家開眼!?

ところで、政治家としての転機になったのは、平成2（1990）年2月18日に行われた第39回衆議院議員総選挙です。

その選挙は、平成元（1989）年8月10日にスタートした海部俊樹内閣のもとで、消費税が大きな争点となっていました。

しかし、野党でも与党でも「消費税賛成」を口にする候補者などほとんどいませんでした。消費税は必要だと思っていても、票を集めるために口をつぐみ、それには触れないようにしていた候補者がほとんどだったのです。

その中で、わたしは「消費税は絶対に必要！」と言って選挙戦を戦いました。周囲の人から「そんなことを言っていたら落ちますよ」と忠告されたものです。

しかし、消費税には賛成なのだからどうしようもない。

「消費税反対と嘘《うそ》をついてまで代議士になるのはイヤだ。消費税賛成と言って落ちるのなら、仕方がない」

腹をくって選挙活動を続けました。

その結果は思いがけないものでした。なんと初出馬では最下位当選だったわたしが、トップ当選してしまったのです。その体験が、その後のわたしの政治姿勢を決めたと言ってもいいのかもしれません。

「どんなときでも嘘をついてはいけない。本当のことを言えば、有権者はきっとわかってくれる」と――。

湾岸危機の中で知った日本政治の問題点

2度目の当選を果たして半年後の平成2（1990）年8月2日、イラクがクウェートに侵攻して湾岸危機が勃発《ぼっぱつ》しました。

戦争が始まりそうだ――。その日は朝から大騒ぎで、急遽《きゅうきょ》、自民党政務調査会の全体会議が開かれることになり、自民党本部の最上階の大会議室に招集されました。「多国籍軍の攻撃が始まろうとしている中、日本はどうすべきかを論議しよう」ということでした。

200人ぐらいの議員が集まり、大会議室はぎゅうぎゅう詰めでしたが、その会議でわたしは大きなショックを受けることとなりました。

なぜなら、会議で「こうすべき」と明確な意思を示せる人が1人もいなかったからです。外務省からも、防衛庁からも、国会議員の中からも、何一つ意見が出てこない。そればかりか、出席者の中で「PKO（国連平和維持活動）」という言葉の意味をきちんと理解している人もほとんどいないという有り様でした。

いいえ、人のことは言えません。わたし自身も、その1人でした。

と同時に、そのとき、「前例のないことに対しては、官僚って無力なんだ」という事実に初めて直面し、愕然《がくぜん》とすることとなりました。

それまでの日本は、東西冷戦体制の中で、経済がうまく回っており、人口も増えていました。その時代には、官僚が前例に基づいて政策をつくり、政治家はそれを実行さえしていればよかった。しかし、湾岸危機という、世界のシステムが急転回するような事態を前にしたとき、官僚にできることは何もなかったのです。

そのとき、わたしはこう思いました。

時代が大きく変わろうとしている。この好景気も、間もなく終わりを告げるに違いない。これから先は、前例主義の官僚頼みでは、どうにもならない場面がいっぱい出てくるだろう。だとすれば、政治家が自ら真実を見つめ、どう対処していくべきかを語らなければいけない、と――。

そしてとうとう、平成3（1991）年1月17日に、アメリカをはじめとする多国籍軍がイラクへの空爆を開始して湾岸戦争が始まりました。これに対して、日本政府は多国籍軍への資金協力や紛争周辺国への経済援助を実施しましたが、その後、「人的貢献がなかった」として、国際社会の中で批判を受けます。

その結果、「人的貢献がなければ評価されない」ということで、平成4（1992）年6月に「PKO協力法（国際連合平和維持活動等に対する協力に関する法律）」が成立することとなりますが、実際のところ、湾岸戦争が勃発して、国際社会が日本はどう行動するか注視する中、日本にはそうした問題について論議をするためのベースさえもできていなかったのです。

「これから先、国防や外交、経済と財政といった大きな方向性をしっかりと考えていかなければならない」

わたしがそう考えるようになったのは、このときからです。

自民党からの離党に踏み切った石破茂 鈴木哲夫⑤

海部内閣末期、自民党内で選挙制度を巡って小選挙区制導入賛成派と反対派の対立が激しさを増していたが、平成3(1991)年11月5日、海部は首相辞任に追い込まれることとなった。政治改革法案が国会で廃案となったことを受け、海部が「重大な決意」と発言したことをきっかけに党内から一斉に反発の声が沸き起こったのだ。特に、海部をバックアップする立場であるはずの竹下派も不支持を表明したのが大きかった。その結果、海部の求心力のなさが浮き彫りとなり、解散に踏み切ることもできず、首相を辞任せざるを得なくなった。

海部内閣の後を受けて、平成3年11月5日に成立したのは、宮澤喜一を首班とする内閣だった。この宮澤内閣で、石破は農林水産政務次官に任じられた。平成4(1992)年12月のことだった。だが、それから約半年後の平成5(1993)年6月18日、宮澤内閣は衆議院解散に踏み切ることとなった。

海部内閣の時代から大きな課題となっていた選挙制度改革だったが、その実現を危ぶんだ石破ら若手議員は、改革の実現を求めて219名分の議員署名を集めた。それに対して宮澤首相はテレビのインタビュー番組で、「（政治改革は）どうしてもこの国会でやる。やらなければならない。私は嘘はつかない」と言い切った。

しかし、党内執行部は改革反対派で固められており、宮澤は政治改革法案の提出すらできなかった。それに対して、日本社会党、公明党、民社党などの野党が内閣不信任案を提出、さらに自民党内からも造反者が続出した結果、内閣不信任案が可決された。6月18日のことである。

ちなみに内閣不信任案が決議されたのは昭和55（1980）年以来13年ぶりのことであり、日本国憲法施行後4回目、内閣不信任案可決による衆議院解散は、現在のところこのときが最後であり、この解散は「嘘つき解散」と呼ばれることとなった。

衆議院解散後には、羽田孜、小沢一郎らによる「新生党」や、武村正義、田中秀征、園田博之、鳩山由紀夫らによる「新党さきがけ」が結成され、いわゆる「新党ブーム」が巻き起こった。

その流れの中で、石破は自民党を離党することとなった。自民党の方針に従わず、政治改革四法に賛成の姿勢を示したとして役職停止処分を受けたからである。

イランの難民キャンプと北朝鮮で考えた日本の在り方

当時、選挙制度を巡って自民党が分裂したり、新党が次々と生まれたりする中で、わたしは「これから先は、国防とか外交とか財政といったことを国会議員がしっかり考えていかなければ日本は大変なことになる」と考えるようになっていました。

そうした思いをさらに強くしたのは、湾岸戦争終結後に伊吹文明先生にお声がけいただいてイランに難民キャンプの視察に行ったことと、平成２（１９９０）年に、金丸訪朝団メンバーとして平壌を訪問したことからでした。

当時のイランへの直行便はボロボロでした。リクライニングシートをいったん倒せば元に戻らない。スポットライトはつかない。何しろ、「神の前にはみな平等だ」ということで、ファーストクラスもビジネスクラスもない。そんな飛行機でイランに行って目にした難民キャンプでは、民間の日本人医師や看護師もボランティアとして活動していましたが、とにかく大変な状況でした。そこでわたしは難民の実態を知り、いかに多くの人々が苦しんでいるかを目の当たりにしたのです。

一方、北朝鮮には、金日成《キムイルソン》の80歳の誕生日の祝賀会ということで、自民党、社会党、公明党など超党派によりチャーター機で出かけたのですが、そこで北朝鮮という国がいかに異様な国家であるかを知ることとなりました。

一糸乱れぬマスゲーム然《しか》り、一部の子どもたちに対する英才教育然り、金日成に対する個人崇拝然り……。

いまでこそ、北朝鮮の実情がテレビのワイドショーなどでも報じられ、日本人も知るようになっていますが、当時はそんな報道は一切ありません。わたしにとって、非常に衝撃的な光景でした。

そして思ったのです。国際化が急激に進み、日本も国際社会の一員としてこれからの在り方を考えなければならない中で、国会議員が「地元のみなさまのため手足となって働きます」などと言っているだけでは、日本はとてももたないぞ、と——。

日本の国会議員にとって湾岸戦争は遠い中東で起こった出来事にすぎなかったし、北朝鮮の情勢にきちんと目を向けている者もいなかった。厳しい言い方をすれば、日本には国会議員本来の仕事をしている者がいなくなっていたのではないか、と思ったのです。

なぜ、そんなことになってしまったのか？

わたしは選挙制度にその原因があると考えていました。

国会議員本来の仕事ってなんだ？

そもそも国会議員本来の仕事とはなにか？　それは言うまでもなく、国民の負託を受けて、予算案や法律案をつくり、国会で議論し、決定することです。

ところが現実を見ると、予算案をつくるにしても、法律案をつくるにしても、それを実際にやっているのは官僚たちで、国会議員はそれを追認するばかりになっていました。本来、国会議員がこなさなくてはならない国会の仕事を、国民に責任を負わない官僚がやっていたのです。

またその一方で、国会議員は地元の利益を唱えるばかりでした。極端なことを言えば、いかに天下国家を語らず、地域の利益を語るかが大切で、国会議員として当選し続けようと思ったら、なるたけ選挙区に帰って、地元の利益のために働く。つまり、国会議員が国会議員らしくなく振る舞うことが、国会議員であり続けるための秘訣《ひけつ》とされていたのです。

でもそれは本来、都道府県議会や市区町村議会の議員がやるべきことなのではないでしょうか。

国会議員が都道府県議会議員の仕事をし、都道府県議会議員が市町村議会議員の仕事をし、市町村議会議員が町内会長の仕事をし、国会議員の仕事は官僚たちがやっていた。そんな嘆かわしい現状を変えるにはどうしたらいいのか？

そのためには、「小選挙区制を導入することによって、少なくとも政権交代が起きるような形にしなければならない」というのが、当時のわたしの考えでした。

わたしが小選挙区制導入を進めたワケ

中選挙区制度で政権政党となるために必要な過半数を獲得するには、一つの選挙区から複数人を当選させなければなりません。

そこで当然、政権を狙う政党は複数（3～5人）の立候補者を立てますが、同じ党の候補者との得票争いになりますから、実質は自民党の議員は同じ自民党内の別の派閥の候補者との戦いになるわけです。もちろん、より力のある派閥に所属するほうが有利になりますし、派閥争いが激化すると同時に、派閥は勢力を維持するために金を使う、という金権政治が助長されることにもなります。

つまり、国会議員は選挙に勝つために地元での利益誘導にひた走る。長年にわたって政権を担ってきた自民党の各派閥は、業界や支援団体との太いパイプを持ち、どの票を自派のものとするかにしのぎを削る。より多くの業界に強い派閥にはますます人材が集まり、勢力を伸ばすことになる。そして、各候補者は派閥に忠誠心を示すと同時に、自前の後援会組織を育成し、他の派閥の候補者に勝つために、地元選挙民へのサービスに腐心するようになる。

ですから、中選挙区制度では、地元にいかに利益を誘導するかということで争いやすくなり、国の在り方を問うような政策主体の論議が起きにくくなっていたわけです。

小選挙区制であれば、党の候補者はその選挙区からは1人しか立候補しません。だから有権者が「石破茂」に1票を入れてくださるということは、選挙区において「石破茂」という候補者を選ぶと同時に、「石破茂が属している党のトップを総理大臣にする」という意思を示すことになります。

しかし、中選挙区制度では、同じ党から複数の候補者が出ているので、有権者は「誰を総理大臣にするか」つまり、「日本の国をどうするか」という視点で投票するのではなく、まずは自分たちの利益になる候補者を選ぶ傾向が強くなる。その結果、候補者は選挙で国防とか外交を語っても票にならないので、「自分が当選すれば地元がこんなにトクしますよ」ということしか語らない。

それではいつまで経《た》っても、日本の政治が良くなるはずがない。だからわたしは「選挙制度を変え、国民自身が政治を考え、政権を選ぶという制度に変える必要がある」と考えたのです。

当然ですが、小選挙区制になれば自分の選挙が厳しくなるのは目に見えていました。中選挙区制なら、5人に1人がわたしに投票してくだされば当選できる。中選挙区制度である限り、自民党は圧倒的に有利でした。

しかし、それで国会議員としての仕事を全《まっと》うしたと言えるのだろうか。決してそうではない。ならば選挙制度を変えるべきだ。わたしはそう考えました。

要するに、「これからの日本には、政治が間違った方向に進みそうになったら、それを正すために、政権政党を交代させられるような仕組みをつくることが必要である。それには小選挙区制にするべきだ。そうすれば、腐敗なんてなくなるだろう」ということです。

そもそも小選挙区制度の論議が始まったのは、竹下登内閣の頃からです。その後、宇野宗佑内閣、海部俊樹内閣、宮澤喜一内閣と続きましたが、反対論も根強く、党内二分の状態でした。

その頃、我々当選2回生に、「こんな政治じゃダメだ。おまえたち若いヤツが頑張れ」と言ってくれたのが、いまは亡き伊東正義先生、後藤田正晴先生、羽田孜先生でした。我々が怯《ひる》むと、本部長室に呼びつけられて、伊東正義先生から「このバカモノめ！」と叱られました。「おまえたちが自民党を変えないでどうするんだ」と――。

ところが宮澤内閣は、最後にこの小選挙区比例代表並立制を総務会で葬ってしまいました。それに対して、「そんなこと許せない」とばかりに内閣不信任案が提出され、宮澤内閣は解散に踏み切ったのです。平成5（1993）年6月18日のことです。

そのとき、自民党の小選挙区制推進派の行動は3つに分かれました。

羽田先生のグループのように不信任案に賛成して自民党を出ていったグループ、武村正義先生や鳩山由紀夫先生のように不信任案に反対しつつ出ていったグループ、そして我々のように不信任案に賛成しつつ自民党に残ったグループです。

自民党に残った我々は、両院議員総会開会を求める署名を集めて回りました。党の決定を覆せるのは党大会か両院議員総会しかなかったからです。

しかし両院議員総会は開かれないまま、わたしは役職停止処分となりました。そういう意味では、不信任に賛成して自民党に残ったグループがいちばん損をしたということかもしれません。

平成5年7月30日、宮澤さんの後を継いで自民党総裁になったのは河野洋平先生でしたが、このときに自民党結党以来の党是であった憲法改正が自民党の綱領から外されてしまいました。

それに対し、小沢先生や羽田先生の新生党は、正面から集団的自衛権を論じていました。

わたしは「憲法改正をしない自民党なんて自民党じゃない」と思いました。それもわたしが自民党からの離党を考えるようになった大きな理由の一つとなりました。

自民党への復帰と防衛庁長官就任 鈴木哲夫⑥

宮澤内閣での衆議院解散を受けて第40回衆議院議員総選挙が行われたのは、平成5（1993）年7月18日のことだったが、石破は無所属で挑み、鳥取全県区でトップ当選を果たしたのち、正式に自民党を離党して新生党に合流した。

一方、自民党は223議席にとどまり、単独過半数を獲得できなかった。このときキャスティング・ボートを握ったのは、平成4（1992）年5月22日に細川護熙によって設立されていた「日本新党」と、宮澤内閣による衆議院解散直後の平成5年6月21日に設立したばかりの「新党さきがけ」だった。

両党は8党派（日本新党、日本社会党、新生党、公明党、民社党、新党さきがけ、社会民主連合、民主改革連合）による連立政権の樹立で合意し、細川を首班とする内閣が成立した。自民党は昭和30（1955）年の結党以来38年間にわたって維持していた政権政党の座を失うこととなったのである。

細川内閣は、内閣官房長官が武村正義（新党さきがけ代表）、外務大臣兼副総理が羽田孜（新生党党首）、政治改革担当大臣が山花貞夫（日本社会党委員長）、総務庁長官が石田幸四郎（公明党委員長）、厚生大臣が大内啓伍（民社党委員長）、科学技術庁長官が江田五月（社民連代表）などという顔ぶれで、政治改革四法（小選挙区比例代表並立制と政党交付金の導入を柱とする政治改革のための法律群）の制定を推し進めていった。

しかし、次第に政権運営の手法や政治改革の方法、さらに税制改革を巡る対立が表面化していったのに加え、細川の佐川急便グループからの借入金処理問題を追及していた自民党が予算審議拒否に出た結果、政治が立ち往生状態となって、総辞職に追い込まれた。平成6（1994）年4月25日のことである。

一方、石破は、平成6年1月に、やはり自民党を離党した鳩山邦夫、西岡武夫、笹川堯、大石正光とともに院内会派「改革の会」（代表・西岡武夫）を結成。細川内閣総辞職後の4月28日には、改革の会は、自民党と日本共産党を除く7党1会派（日本社会党、新生党、公明党、日本新党、民社党、新党さきがけ、社会民主連合、民主改革連合）に加え、「自由党（柿沢自由党）」「新党みらい」とともに、羽田孜を首班指名して羽田内閣が正式に発足した。

このとき改革の会は鳩山邦夫を労働大臣として送り出したが、同日中に新生党、日本新党、民社党、自由党とともに院内会派である「改新」に合流して、130議席を有する衆議院第二会派を形成した。

だが羽田政権は、自民党が内閣不信任決議案を提出し、自民党と社会党の賛成多数で可決されることが避けられない中、総辞職に追い込まれ、6月30日には自民党と新党さきがけの支持を受けた村山富市（日本社会党委員長）を首班とする内閣が発足。石破ら非自民勢力は下野することとなった。

その後、改新は、平成6年7月27日、元総理の海部俊樹を代表とした「自由改革連合」を結成、同年12月10日の「新進党」結党に参加した。

新進党の結成時の所属国会議員数は214人にのぼり、55年体制成立以後、自由民主党以外で初めて日本社会党を上回る数の国会議員を擁する政党だった。

一方、自民党では、平成7（1995）年9月、村山内閣で通商産業大臣を務めていた橋本龍太郎が自民党総裁選に出馬し、小泉純一郎に圧勝（橋本304票、小泉87票）して、第17代自由民主党総裁に就任。平成8（1996）年1月5日には橋本を首班とする連立が合意され、同月11日に橋本内閣がスタートした。

自民党、日本社会党（連立発足直後、社会民主党となる）、新党さきがけの３党による連立内閣だった。この内閣において、石破は衆議院規制緩和に関する特別委員長を務めた。

平成８（１９９６）年10月20日、第41回衆議院議員総選挙が行われた。前回までの中選挙区制に代わり、小選挙区比例代表並立制での選挙だったが、石破はこの選挙にも無所属で挑んで４度目の当選を果たした。しかし、ほどなく新進党を去ることになる。

当時を振り返って、石破は次のように語る。

「新進党に入った当初、わたしは小沢一郎先生の安全保障に対する考え方にかなり共鳴していましたが、いろいろ議論をしているうちに、なにかおかしいと感じるようになっていきました。

たとえば朝鮮半島で何かが起きたとき、アメリカは日本の基地を使用して韓国を助ける。これは、日米安全保障条約および米韓安全保障条約で決められている。

では、その状況下において、国連安保理（国際連合安全保障理事会）で中国が拒否権を行使したらどうなるのか。つまり、日本が日米安保条約を取るのか、国連決議を取るのかという問題です。

この問題について、小沢先生は完全に『国連をとる』という立場に立たれ、それはわたしには受け入れがたいものでした。

それに加えて、新進党は選挙公約において突如『集団的自衛権行使は認めない』ということを打ち出しました。それも、まさに根本的な部分でわたしの考え方とはまったく異なるものでした。

この点について、新進党の勉強会では何度となく岡田克也氏と大激論を交わしました。

わたしが『集団的自衛権を何がなんでも行使すべきだと言っているわけではない。だが最初から行使できないとするのはおかしい』と言うのに対し、岡田氏は『行使できるはずがない』の一点張りで、まったく話がかみ合うことはありませんでした。しかしこの議論を経たうえで取りまとめたならともかくも、集団的自衛権を認めないとの公約は、選挙公示日直前に突然ファクスで送られてきたものでした」

結局、石破はこの対立が原因で新進党を離党することを決意し、平成9（1997）年3月に自民党に復党することとなった。

そんな中、橋本政権は平成10（1998）年7月30日まで続いたが、村山内閣でほぼ決定事項となっていた消費税（5パーセント）の導入を実施したのちは支持率が低迷することとなった。

そして平成10（1998）年7月12日に行われた第18回参議院議員通常選挙で自民党が大敗したことを受けて同月30日には総辞職、その後を小渕恵三内閣が継ぐこととなった。

そのとき自民党に復党していた石破は、その小渕政権で衆議院運輸委員長という役職に就いた。

しかし、小渕首相が平成12（2000）年4月2日に脳梗塞《のうこうそく》を発症して、倒れてしまう。そして4月5日には、小渕首相が昏睡《こんすい》状態の中、青木幹雄首相臨時代理らが小渕内閣の総辞職を決定し、森喜朗が首相の座に就くこととなった。

同年6月25日に実施された第42回衆議院議員総選挙で、5度目の当選を果たした石破は、7月4日に森政権下で農林水産総括政務次官となった。

政務次官の役職に就いたのは、宮澤政権時代以来2度目のことだった。さらに同年12月には防衛総括政務次官に、平成13（2001）年1月には防衛庁副長官に任じられた。

そして、ついに石破が国務大臣に任命される日がやってくる。

森首相の辞任表明を受けて同年4月24日に行われた自民党総裁選は、小泉純一郎、麻生太郎、橋本龍太郎、亀井静香の間で争われた。

そのとき小泉が「郵政改革」を旗印に、「自民党をぶっ壊す！」「私の政策を批判する者はすべて抵抗勢力」という街頭演説で有権者の心をつかんで2

平成13（2001）年1月8日、シリアのムスタファ・タラス副首相兼国防相と対談する石破氏

９８票を獲得、自民党総裁の座をものにして同月26日に小泉内閣をスタートさせた。

そして国民の圧倒的な支持のもとでスタートした小泉政権の第一次改造内閣で、石破氏は、防衛庁長官（第68代）となった。

平成14（２００２）年９月30日のことである。

言うまでもなく、防衛庁長官は「国務大臣」の役職である。

石破にとって国務大臣は初めての経験だったが、その任を平成16（２００４）年９月27日まで務めることとなった。

シリアの難民キャンプにも行った

小泉総理からの電話にビックリ

小泉総理から防衛庁長官の話が来たときには、本当にビックリしましたね。

平成14（２００２）年9月30日の、確か月曜日だったと思いますが、昼から北朝鮮による拉致問題の講演に出た後、電話がかかってきたのです。

「小泉だけど、国務大臣をやってくれ」と言うんです。

「はあ？」と言うしかありませんでした。

いや、わたしの政治家人生の中でも、あれほど驚いたことはあまりありません。と言うのも、もちろん小泉先生のほうが年齢も当選回数も上でしたが、それまでわたしは、小泉先生と相反する立場に立っていたことのほうが多かったのです。

たとえば、わたしは「小選挙区制推進派」でしたが、小泉先生は「絶対反対派」でした。

また、小泉さんと橋本さんが総裁選を争ったときには、「小泉先生が総理になったら、この国は終わりだ！」などと県内の党員に演説して、精一杯橋本先生を応援していました。

それにもかかわらず、小泉内閣で防衛庁長官にならないかという話が来たわけです。

あのときは、有事法制を仕上げなければならなかったし、ひょっとしたらイラクに自衛隊を出さなければならないかもしれない、という状況でしたから、「石破なら」ということになったのだと思います。

それにしても、官邸に呼ばれたときには、居並ぶ自民党の幹部たちはみんな苦虫をかみ潰したような顔をしていたような気がしたものです。

防衛庁長官の起床は午前4時40分

わたしは、防衛庁長官になるまでは、午前5時50分に起きて、6時のニュースを見ながら朝食を摂り、7時40分頃迎えに来る車で永田町の自民党本部か議員会館に出かけるという日々を送っていました。

しかし、防衛庁長官になってからは、1時間以上早めて4時40分には起床し、ニュースを見て、たとえば国会の会期中には、7時には国会内の防衛庁政府控室に入って、ブリーフィング（日々の状況説明）を受けたり、答弁の打ち合わせ等をしたりするのが日常となりました。

以前は「政府委員制度」というものがあり、国会の審議において、国務大臣の代わりに官僚が答弁することが可能でした。

しかし、平成11（1999）年7月に、この制度の廃止が決まり、国会質疑で答弁を行えるのは、あらかじめ届け出ない限り、大臣と副大臣、副長官、政務官などに限定されることになったのです。

それだけに、事前の準備は大切ですし、特に防衛庁の場合、総理や官房長官、あるいは外務大臣に向けられた質問でも、代わりに答えなければならない場面も少なくありません。

ですからわたしは、防衛庁への質問だけでなく、総理、官房長官、外務大臣に対する質問にもすべて目を通すようにしていました。

会期中でなくても仕事は山積みです。

防衛庁内での会議はありますし、閣議もある。さらに陸・海・空の各幕僚長からの報告もありますから、衆議院の議員会館の自分の事務所にも1か月に1、2回しか寄れなくなってしまいました。

防衛庁長官時代に上げた料理の腕

余談ですが、まさかなるとは思っていなかった防衛庁長官になったことが、わたしの料理の腕をずいぶん上げることとなりました。

それまでは、トーストとインスタントラーメンくらいしかつくったことがありませんでした。

実家を離れ上京した後も、高校、大学時代は学食で済ましていましたから、ご飯の炊き方も知らなかったし、友達のアパートに遊びに行って、トンカツを見事に揚げるのを見て、「すげえ、天才か」と感動したほどでした。

それが防衛庁長官になったことで自炊せざるを得なくなったのです。

防衛庁長官になる以前から、わたしは千代田区九段にある議員宿舎で暮らしていましたが、夜には宿舎の食堂も閉まってしまうし、土曜、日曜もカップラーメンではあまりに悲しいので、ふらふらと九段界隈《かいわい》に食べに行ったりしていました。

しかし、防衛庁長官になるとSPさん（要人警護を担当する警視庁の警察官）がつく。そのSPさんたちを、夜や土曜、日曜に呼ぶのもかわいそうだし迷惑をかけるから、これはもう背に腹は代えられず、自炊するしかないということになったわけです。

その一方で、防衛庁長官は基本的に緊急事態への対応がありますので、平日は当然のこと、土日であっても地方に出かける場合にはかなり前もって副長官などと調整し、緊急事態に遺漏のないようにしておかなければなりません。

特にわたしが防衛庁長官だった頃は、有事法制の成立や自衛隊のイラク派遣などが大きな課題でしたから、土日の午前中は「報道2001」（フジテレビ系）、「日曜討論」（NHK）、「サンデープロジェクト」（テレビ朝日系）などへの出演が多かったのです。

ところが、これらの出演後は議員宿舎に戻るだけで、ほぼ缶詰め状態になっていることが多くなりました。

もちろん、不用意に地元に帰るわけにもいきません。せっせと勉強はしていましたが、それにも限界はあります。

そこでふと思い立って、本屋さんに行ったついでに「新妻のための料理教室」みたいな本を買ってきて、空いた時間に料理を始めるようになったのです。

何品か簡単なものから手掛けていくうちに、揚げ物もできるようになり、子どもの頃、お手伝いさんがつくってくれたコロッケと同じ味が出せるようになってきたのです。

ここで、「母親の味を再現できた」と書ければ感動的なのでしょうが、実は、母親の手料理というものを、あまり食べたことがありません。母は知事夫人ということで、父に代わって毎日、多くの会合に出なければならなかったので、料理をする時間がなかったのです。

そんなわけで、私にとってはお手伝いさんがつくってくれたコロッケの味というのが原点だったわけですが、お手伝いさんがつくってくれたコロッケと同じ味を出せるようになったときの感動は一生忘れないでしょう。

以来、料理が楽しくなっていき、和洋中の料理を一通りつくれるようになりました。

ちなみに、麻生内閣の平成20（２００８）年から平成21（２００９）年にかけて農林水産大臣を拝命して、事故米や雪印事件など辛いこともありましたが、農林水産の仕事はとても楽しかった……。食べることが好きで、食料に対する飽くなき好奇心があると、農林水産大臣はとても楽しい仕事になりうると思います。

何事であれ、好きであることは大事なことだということです。

料理に関して言えば、わたしはカレーライスにはかなりの自信とこだわりがあります。

平成21（２００９）年の第45回衆議院議員総選挙で民主党に敗れて自民党が野党になったときのことです。

自民党の党大会をもっと党員に開かれた「お祭り」にしたいと思って、前日に党本部でワークショップなどを開催するようにしたのですが、そのときには自分でカレー屋さんを出していました。

さすがに一から全部作るわけにはいかなかったのですが、8階の食堂の調理員の方に「こうやってつくってね」とレシピを渡し、ワークショップ前日に調理室に行って味見をしながら、ゴーサインを出せるまであれこれ調整をしていました。

わたしたち政治家は、誰に雇われているわけでもないので、時間の使い方は自分が好きなようにやれる。

そして様々なことにこだわりを持つことで、自分の幅を広げていくことができるし、それは決して無駄にはならない。

軍事にしても鉄道にしても、料理にしても、やっぱりどこかで仕事に役に立っている。

様々なことに興味を持ち、それを究《きわ》めようとする中で、イマジネーションみたいなものが湧《わ》いてくるのだと思います。

カレーをつくっている石破氏

福田首相の下で防衛大臣に　鈴木哲夫⑦

平成13（2001）年4月26日から続いていた小泉内閣は平成18（2006）年9月26日に総辞職し、小泉の自民党総裁任期満了に伴う総裁選（同年9月20日）で464票を獲得し、麻生太郎と谷垣禎一を破って総裁の座に就いた安倍晋三を首班とする内閣に引き継がれた。任期満了による退任は昭和62（1987）年の中曽根康弘政権以来のことだった。

第一次安倍内閣は「美しい国づくり」と「戦後レジームからの脱却」をスローガンに、教育基本法改正や防衛庁の省への昇格などを掲げてスタートした。だが、翌年の平成19（2007）年7月29日に行われた第21回参議院議員通常選挙で歴史的惨敗を喫して、野党に参議院における安定多数を奪われることとなった。閣僚の不適切発言や政治と金の問題、さらには消えた年金問題や格差社会の深刻化などが原因だった。

その結果を受けて、平成19年8月27日には第一次安倍改造内閣が発足した。しかしその直後から閣僚の不祥事が相次ぎ、9月12日、安倍はついに体調不良を理由に辞任を表明。9月23日に自民党総裁選が行われ、福田康夫と麻生太郎の一騎打ちの結果、330票を集めた福田氏が自民党総裁の座に就き、9月25日の安倍内閣の総辞職を受けて、内閣総理大臣指名選挙が行われた。

そのとき衆議院では自民党の福田が（福田338票、小沢117票）、参議院では民主党の小沢一郎が（決戦投票の末、小沢133票、福田106票）首班指名されるという異例の事態となった。実は同年7月29日に行われた第21回参議院議員通常選挙で自民党は惨敗、民主党が第一党となっていたからである。

その後、両院協議会が開かれたが成案は得られず、結局憲法の規定する〝衆議院の優越〟に従って、衆議院で勝った福田が内閣総理大臣に指名され、翌26日に福田内閣が正式に発足した。この福田内閣で石破は防衛大臣に就任して平成20（2008）年8月2日まで務めることとなったが、石破は、実はその福田康夫に心酔していると言う。私にはちょっと意外だった。一体なぜなのか、その心の内を聞いてみた。

福田康夫内閣で防衛大臣就任

わたしが大臣として仕えた総理といえば、小泉純一郎総理、福田康夫総理、麻生太郎総理、安倍晋三総理の4人です。それぞれに曰《いわ》く言い難い魅力がありましたが、その中でも福田総理の魅力はあまり広く知られてはいないのではないかと思います。福田総理は、なんと言っても筋が通っていますし、信義に厚い。人の意見はきちんと聞くし、茶目っ気もある。「ふふふ」と笑いながら話す姿には、なんとも言えない味があります。人間としてとても魅力的な方なんですよ。

国会議員としてはわたしのほうが1期上ですが、年齢は20歳ほど福田総理が年上です。福田総理のご尊父である赳夫先生は大蔵官僚、わたしの父は建設官僚でしたが、そういう親に育てられたせいか、どこか官僚の矜持《きょうじ》とか使命感とかいうようなものを引き継いでおられる。わたしにはそこまで立派なものはないけれど、そういうところに共感を覚える部分はありました。

福田内閣になって、わたしを「防衛大臣に任命する」という話になった。そのとき、わたしは「できれば大臣よりも、党内でテロ対策特別措置法（平成13年9月11日のアメリカ合衆国において発生したテロリストによる攻撃等に対応して行われる国際連合憲章の目的達成のための諸外国の活動に対して我が国が実施する措置及び関連する国際連合決議等に基づく人道的措置に関する特別措置法）の延長についてとりまとめをやりたい」とお願いをしました。

テロ対策特措法はインド洋に自衛艦を派遣するために、平成13（２００１）年10月、第一次小泉内閣のときに成立させた時限立法（当初2年間）で、それを何度も延長していたのです。しかし、平成19（２００７）年の第21回参議院議員通常選挙で自民党が過半数を割っていたので、さらに延長できるかどうかが大きな争点となっていた。そんな中、9月12日に安倍総理が突然辞意を表明したため国会が空転することとなり、期限を延長するための法律改正が日程的に困難となり、そのまま失効してしまうこととなってしまいました。

福田先生が総理になったのはまさにそんなときだったわけですが、わたしは福田先生から「まあ君、そうは言わずに」とか言われて、結局、防衛大臣を引き受けることになったのです。

そして10月17日には、新規でテロ対策特措法案（テロ対策海上阻止活動に対する補給支援活動の実施に関する特別措置法案）を提出。10月26日から衆院特別委員会で審議を始め、同年11月13日に衆議院本会議で与党の賛成多数で可決。平成20（2008）年1月11日の参議院本会議で野党の反対多数で否決されたものの、同日午後の衆議院本会議で3分の2以上の賛成多数で再び可決・成立させることとなりました。

そして、「新テロ特措法」に基づき、同年1月24日には、補給艦「おうみ」と護衛艦「むらさめ」が、海上自衛隊の横須賀基地を出港して、インド洋へと向かったのです。

これは、アラビア海を中心とするインド

平成19(2007)年9月26日、防衛大臣着任式

洋において、テロ活動を阻止するための「不朽の自由作戦」を行っているアメリカ軍の艦船に燃料等を補給することを主たる任務とする活動のためでした。

そのときわたしは、護衛艦「むらさめ」の艦上で、次のように訓示しました。

【護衛艦「むらさめ」出港行事における防衛大臣訓示】

「先般、新しい補給支援特措法が成立をした。このインド洋上における活動は、資源の多くを中東に依存し、中東地域の安定が国益に直結する我が国の死活的利益に関わるものであり、また、我が国が国際社会に果たすべき責任を履行するものとして欠くことができない。我々はそのように考えているものである。今なおアフガニスタンにはテロが絶えない。そして、全世界で生産される麻薬の9割以上をあの地域が生産をしている。あのアフガニスタンを安定させるためには、民生支援とならんで、この様な活動が不可欠である。よって、我々は新しい法律を成立をさせ、本日を迎えたものである。

私は、昨年も、そして一昨年もインド洋上における補給活動を視察をした。極めて厳しい気象条件の下で、長時間にわたって整斉《せいせい》と信頼性の高い補給活動ができる、そのような海軍は、我が海上自衛隊を含め、世界中に数えるほどしかない。長時間にわたる補給は、いつどこから危険が襲ってくるかわからない、そういう状況の下で行われる。補給艦の練度は、今回、共に派遣される「おうみ」をはじめとして極めて高いものがあるが、補給活動を安全に行うための護衛艦の任務は、極めて重い。諸官に心から期待する所以《ゆえん》である。

護衛艦の高い能力と補給艦の高い能力が相まって、我が国の国益を守り、そして世界に対する責任を果たすことができるのである。その活動は、世界から高く評価をされ、我が国の信頼性を非常に高いものにしている。諸官に心から敬意を表する所以である。

この活動を再開するにあたり、多くの皆様方にご尽力を頂いた。関係各位に心から御礼を申し上げるとともに、ご家族の皆様方におかれても、多くのご負担をお掛けをし、ご心配をお掛けすることを申し訳なく思うが、隊員諸君の活動が、このように極めて重要なものであることに鑑み、どうかお許しを頂きたい。私どもとしても、可能なかぎりの支援を行う所存である。

どうか乗務員諸官におかれては、祖国を遠く離れて厳しい環境の下での任務ではあるが、派遣部隊指揮官　佐伯精司1等海佐、並びに護衛艦「むらさめ」艦長　小澤豊2等海佐の統率の下、一人一人が高い士気を持ち、この国会審議において指摘をされた多くの事項に留意をし、我が国の国益のため、そして世界のため、完璧な任務を成し遂げてもらいたい。諸官が任務を成し遂げられ、無事に帰港されることを確信し、心待ちにするものである。以上で訓示とする」

その後、隊員たちは極暑のインド洋での活動を無事故で成し遂げ、全員が無事に帰ってきました。わたし

平成20(2008)年1月24日、補給支援活動のために海上自衛隊横須賀基地を出港する護衛艦「むらさめ」の艦上で行われた出港行事に参加した石破氏

は、そんな隊員のみなさんに心からの敬意を表したいと思います。

しかし、一方で不祥事もありました。

イージス艦衝突事故発生

大臣になってほどなく、平成19年11月27日に事務次官だった人物が収賄容疑で逮捕されたのに続き、平成20年2月19日には海上自衛隊所属のイージス艦「あたご」と漁船とが千葉沖で衝突する事故も起き、これらの対処に追われることとなりました。漁船の清徳丸は沈没。船主とそのご長男が行方不明となってしまいました。

イージス艦衝突事故が起きた当日は国会で動けませんでしたが、翌日には千葉の勝浦の船主のご家族を訪ね、直接お詫《わ》びを申し上げました。その2、3日後には福田総理ご自身も訪ねられました。そして、わたしはお帰りになった福田総理に呼ばれ、行方不明者のご家族から受け取ったというお手紙を示されたのです。

そこには「石破大臣を辞めさせないでください」と書かれていました。胸が張り裂けそうでした。

そのとき、福田総理は「でも君ね、これをもらったことは、僕と君だけの話にしておこうね」と仰《おっしゃ》った。その言葉を聞いて、「なんと偉い人なのだろう」と思いました。普通なら、政権への批判を少しでもかわすために、それをマスコミにでも流したいところでしょう。でも福田総理は「ご遺族の気持ちを自らの政権に利用してはいけない」と考えられたのです。そんな福田総理の気持ちが痛いほどわかりました。

そして、わたしは部下の降格や更迭など、ある程度の事後処理をした上で福田総理に「事故のけじめをつけたい」と申し出て、次の内閣改造で防衛大臣を退くことになりました。

ご遺族との交流

防衛大臣を退任した直後、その年のお盆に、わたしは1人電車に乗って、再び勝浦に向かいました。行方不明になられていたお2人には既に死亡認定がされていました。海岸で慰霊の会をやろうということになり、なんとわたしにも声をかけてくださったのです。

海岸へ出向くと、地元の方々が「石破さんよく来てくれたね」と温かく迎えてくださいました。お線香を上げたら「みんなで飲もうじゃないか」とバーベキューが始まりました。獲れたてのアワビやサザエやイセエビ……それはそれは豪華な、楽しい会でした。

「石破さん、いろんなことあるさ。もういいんだよ」

涙を見せまいと、わたしはビールを呷《あお》りました。もう、言葉もありませんでした。それ以来、いまでも毎年、お盆には勝浦に伺うことにしています。

ところで、その話には続きがあります。

初めて行ったとき、会が終わった後でまだいっぱいアワビやサザエが残っていた。「石破さん、総理にもお世話になったから、これを福田さんに届けてくれ」と言うのです。

そこで福田総理に携帯電話をかけ、「いま、勝浦に来ているんですが、ご遺族が『総理にも、ぜひアワビやサザエを食べていただきたい』と仰っています。どうしましょう」と聞いたら、「ぜひ持ってきてくれ」と言うのです。

そこからが大変でした。アワビとサザエの詰まった重い袋を両手に持って、8月の暑さにフーフー言いながら〈特急わかしお〉に1人乗り込み、東京駅まで迎えに来ていた車に乗って、やっと首相官邸までたどり着いた。

するとど、福田総理が涼し気にワインを飲みながら待っていました。

「石破君、遅かったね」

「いや、遅かったねって。ここまで来るのは大変だったんですから。もう帰ります」

「ちょっと待ちなさい。僕の奥さんが、今日、初盆回りで高崎に帰ってるんだよね」

「それがどうしたんですか」

「僕、1人なんだけど、このアワビとサザエ食べたいんだよね」

「ああ、そうですか」

「君、日本海側の育ちだったよね。料理できるよね？」

結局、わたしが首相公邸で、アワビ、サザエと格闘することになってしまいました。

でも、知らない家の台所だとどこに何があるかわからないですから、スムーズに料理ができないんです。焦っているわたしの背後に立って、福田総理がワインを飲みながら、「君、まだかね」と。

「ちょ、ちょっと待ってくださいよ」

悪戦苦闘しながらさばいていたら奥様が帰っていらした。

「あら、石破先生、何してらっしゃるの、そんなところで」

「見りゃわかるでしょう。福田総理がさばけって言うから、貝をさばいているんですよ」

福田夫人っていうのが、これまたできた女性なのです。

「もういいですわ。わたしがやりますから」と見事な刺身にしてくださり、結局、わたしと福田さんは、アワビやサザエを肴《さかな》にゆっくりとワインを楽しむということに相成ったのです。福田康夫さんって、そういう、なんとも憎めない人なんですよ。

「日本に対する脅威はない」はもはや幻想だ

ところで、わたしはよく「軍事オタク」と呼ばれます。長官室や大臣室に、護衛艦や戦闘機のプラモデルをずらりと並べている様子を週刊誌のグラビアやテレビで見たことのある人も多いでしょう。しかし、だからと言って「軍事オタク」という呼び方が正しいかと言えば、それは違うと思います。

確かに防衛問題について関心もあるし、好きであることは間違いありません。また、前述したように、子どもの頃から自動車など、動くモノが好きだったことの延長で、護衛艦や戦闘機のプラモデルを長官室にいっぱい並べていました。

それは、なにも防衛庁長官になってから始まったことではありません。農水総括政務次官だった頃からのことだったのですが、それを見た制服組の自衛官たちと「自分が初めて乗った艦がコレです」とか、「この飛行機はとてもいい飛行機でしたね」などと話をして、関係を深める効果もあったと思います。しかし、だからと言って戦争が好きなわけではまったくありませんし、自分自身、軍事オタクだとは思っていません。

そもそも戦争は大嫌いだし、怖いと思っています。戦争は、なんとしても避けるべきであることは言うまでもありません。そしてそのためにこそ、安全保障問題を真剣に考えなければならないと思っています。

かつて、自衛隊は「存在することに意義がある」と言われていた時代がありました。また防衛庁は「お買い物官庁」と呼ばれたこともありました。与えられた予算の中で、整備計画に基づき、装備をそろえていくのが防衛庁の仕事だというわけです。

その一方で、自衛隊という組織が不祥事を起こさないように監督・管理するのが重要な仕事とされました。それを担っていたのがいわゆる背広組、官僚でした。つまり、自衛隊はまるで存在しないかのように存在することが求められていたわけです。

なぜ、そうなったのか。

それは、戦後の日本は、一貫して自国の安全保障のかなりの部分をアメリカに委《ゆだ》ねてきたからです。第二次世界大戦後の冷戦が続く中、日本は、中国とソ連という共産主義国家に対する〝防波堤〟と見なされました。言い換えるなら、アメリカは自国のために日本を守っていたのです。

そのおかげで、日本は、国防費を抑え、国内産業の振興を図ることができ、世界有数の経済大国への道を歩むことができました。そして国民は安全保障についてはほとんど考えることもなく、その相当部分をアメリカと役人に任せてきたのです。

しかし冷戦が終結し、アメリカ一強体制のもとで、それまで築かれていた世界秩序は徐々に変わってきました。アメリカは、もはや以前のように無条件に日本を守ってはくれません。

　また、平成13（2001）年9月11日にアメリカ同時多発テロが起きて以来、今まで国家主体しか持ちえなかったような強力な破壊手段をテロリスト集団が手にすることとなり、北朝鮮の核・ミサイル問題も先鋭化してきています。そんな中で、日本人は、自らの手で自分たちの国と命をどう守っていくかを真剣に考えなければならなくなっているのです。

　防衛庁を防衛省とすることが検討され始めたのは、平成17（2005）年

90式戦車に乗る石破氏。自衛隊の装備を知らずして安全保障政策は立てられない

後半、小泉政権後期のことでしたが、平成19（2007）年1月、安倍政権下で、省に昇格しました。これも、世界情勢の変化の中では必然と言えるでしょう。もはや、「日本に対する脅威はない」という論理は成り立ちません。

これまでのように、「力の空白を作らない」ために戦車や護衛艦、戦闘機を並べて「一応防衛力はありますよ」と言っていても通用しない時代になってきたということです。

当然のことながら、防衛大臣という職責を果たすには、自衛隊が運用する装備も知らなければなりません。

自衛隊がどんな装備をどれぐらい持っているのか。その性能はいかなるものなのか。そしてそれが抑止力としてきちんと機能しているのかを考えられなければ、安全保障政策を組み立てることはできません。

その意味において、装備や輸送、弾薬などの後方支援を軽んじたり、これらに詳しいことを「オタク」と揶揄《やゆ》したりするのは、かえって不健全なことだと思うのです。

第四章 混乱する日本の制度と近づく総理の座

平成26(2014)年9月3日、第2次安倍改造内閣で国務大臣(地方創生・国家戦略特別区域担当)就任

自民党の2回目の野党転落と石破の自民党政調会長就任

鈴木哲夫⑧

平成19（2007）年9月26日にスタートした福田内閣だったが、石破が防衛大臣を退任した1か月後、福田は平成20（2008）年9月1日に総理・総裁の辞職を表明、9月24日に内閣総辞職に踏み切った。それを受け、9月22日に自民党総裁選が行われ、麻生太郎、与謝野馨（故人）、小池百合子、石原伸晃、石破茂の5人が名乗りを上げ、麻生が351票を獲得して自民党総裁に就任した。

ちなみに、与謝野が66票、小池が46票、石原が37票、石破が25票という結果だったが、得票数はさておき、総裁選に名乗りを上げたことで、石破氏の存在感は一層高まった。

9月24日に麻生内閣が成立すると、石破は農林水産大臣に就任した。だが麻生内閣は発足してすぐにリーマンショックに見舞われ、景気低迷の中で苦しい運営を強いられることとなった。そして平成21（2009）年8月30日の第45回衆議院議員総選挙で、自民党は選挙前には300あった議席数を119まで減らすという惨敗を喫し、参議院ばかりではなく衆議院の第一党の座からも転落。その結果を受け、麻生は9月16日には自民党総裁を辞任し、内閣総辞職を決めた。

この時点で自民党は、衆議院議員総選挙で３０８議席を獲得していた民主党代表の鳩山由紀夫に政権の座を明け渡し、社民党および国民新党との連立政権が誕生することとなった。党幹事長に小沢、内閣官房長官には平野博文が起用された。

一方、野党に転落した自民党は、９月28日に麻生の後継を決める総裁選を実施した。その結果、谷垣禎一が３００票、河野太郎が１４４票、西村康稔が54票を獲得して、谷垣が自民党総裁となった。

石破は、この総裁選には出なかったが、自民党の第52代政務調査会長（政調会長）を任じられた。政調会長と言えば、幹事長、総務会長、選挙対策委員長と並ぶ党四役の一つである。

野党に転落したとはいえ、自民党で政調会長の座に就いたことで石破の存在感はさらに増していくこととなった。しかし、そのとき、石破は大きな危機感を抱いていたと言う。

自民党の反省

小泉総理は平成17（2005）年8月8日、参議院本会議で郵政民営化関連法案が否決されたのを受けて衆議院解散（郵政解散）に踏み切り、9月11日に実施された第44回衆議院議員総選挙では自民党が大勝しました。

その点から言えば、確かに郵政解散選挙は大成功だった。しかし、小泉総理が退陣したあと、自民党の支持率はズルズルと下がり、歴代内閣は発足当初こそそれなりに支持されるものの、支持率はすぐに急降下するようになり、ついには下野することとなってしまった。

一体、何が悪かったのか？

最大の理由は、「郵政解散選挙に圧倒的に勝ったことで、自民党の劣化が始まったから」ではないかと考えています。

確かにあの選挙で、自民党は首都圏、中京圏、関西圏など、それまであまり議席が取れなかったところでも多くの議席を獲得しました。しかしその一方で、地方で

平成21（2009）年11月4日、衆議院予算委員会で質問に立つ石破氏　提供:共同通信社

は議席はなんとか確保したものの、得票数、得票率をかなり落としていたのです。

実際、わたしも地元で民主党の候補者と選挙を戦っていて、「仕方がないから石破に入れるか」というような妙にシラけた雰囲気を感じ、「何かおかしい」と思っていました。

しかし自民党は大勝したことに浮かれ、なぜ地方の得票数、得票率が下がったのかを分析しないまま放置してしまった。その結果、安倍内閣、福田内閣、麻生内閣と、いずれも、わずか1年で倒れてしまった。

当時の内閣の政策は決して悪いものではなかったと思っています。

たとえば、安倍総理の「美しい国」を目指すための教育改革や戦後レジームからの脱却、福田総理の「二百年住宅」に代表される総合政策やアジア重視の外交、あるいは麻生総理の「自由と繁栄の弧」に基づく外交政策とリーマンショック後の経済政策など、それぞれ特色のある政策が掲げられました。

しかし、自民党の中で、一枚岩になってそうした政策を推し進めていこうという空気はなかなか生まれなかった。自民党議員たちは、派閥の中でポジション争いに明け暮れる一方で、総理総裁を選ぶにあたっても、政策ではなく「この人なら選挙に勝てる」という基準で選んでしまった。

つまり、自民党議員の多くがただひたすら目先の選挙に勝つことだけに目を向けて、内向きになっていた。その結果、せっかく掲げた政策が広く論議されることもなく、力強く推し進めていくために必要なパワーも生まれなかったのです。

それでは当然、国民の理解を得られるはずもないでしょう。選挙に勝ったと浮かれていた自民党と、国民が求める自民党像が大きく隔たっていったのではないか、ということです。

その一方で、メディアの報道にも問題があったという声もあります。確かに、政治家の失言や、いわゆる画《え》になる面白いところばかりを切り取って、繰り返し報道されることもありました。

たとえば、安倍総理も麻生総理も、政治に対して強い責任感を持っておられると同時に、義理と人情を重んじ、困難な中で自分を支えてくれた人物に報いるという気持ちを強く持っておられた。しかしそれが裏目に出て、閣僚のスキャンダルに対する対応などにおいて、メディアから「身内に甘い」と叩《たた》かれ、国民の自民党に対する不信を招いていった。

また福田総理は、前述したように、実に情熱を持った方でしたが、それをあえて表に出さないようにし、常に沈着冷静に対応したため、「首相のくせに他人事みたいに言うな」と非難されることとなってしまった。

そりゃ、腹が立つことも大いにあります。わたしも何度もひどい目にあっています。しかし自戒を込めて言えば、メディアがどう報じるかは自由です。政治家はどんな報道をされようと、とにかく国民に説明し、理解してもらう努力をどこまでも続けるしかないのです。そのあたりへの気配りが欠けていたということなのだと思います。

地方が悲鳴を上げていた

自民党が支持率を下げた理由は、発信力の低下ばかりではありません。地方の疲弊が進んでいたことを見逃していたことも大きな原因の一つだと思います。

全国的に過疎化が進み、市町村合併が進められる中、公共事業が減り、地方交付税も大幅にカットされました。かつて公共事業と企業誘致で潤っていた地方は、その両方をなくし、潜在力を伸ばすにも至らず、疲弊する一方だったのです。

ある年の参議院選挙のとき、鳥取県と岡山県との境にある集落に応援に行きました。

「みなさーん、自民党の公認候補が来ました。公民館の前にお集まりください」と呼びかけると、おじいさんが1人出てきてこう言いました。

「石破さんねぇ。そんなこと言っても、この村にはもう、わししか住んどらんのよ」

日本中でそんな限界集落が増えていきました。自民党はそんな地方の方々が上げる悲鳴に気がついていなかった。それが、自民党が下野しなければならなかった何より大きな理由だったのではないかと思います。

始まった日本政治の迷走と東日本大震災　鈴木哲夫⑨

政権党となった民主党は、平成21（2009）年9月16日に発足した鳩山内閣から、菅直人内閣、野田佳彦内閣と政権の座を守っていく。だが、その内実は決して一枚岩とは言えないものだった。70パーセントを超す支持率でスタートした鳩山内閣だったが、「政治と金」にまつわる問題が続いたのに加え、鳩山と小沢という二重権力構造に対する世論の反発が強まっていった。

また、鳩山が総選挙時に沖縄の米軍基地問題で「最低でも県外移設」と発言していたものの、その実現は困難であることが明らかになるにつれて、後ろ向きの姿勢を見せるようになったため、県外移設を強く主張していた社民党が連立を離脱し、国民の間から民主党の与党としての能力に疑問の声も上がるようになって支持率は急下降。政権交代からわずか9か月弱で内閣総辞職に追い込まれた。

それを受けて、平成22（2010）年6月8日に成立したのは、6月2日の民主党代表選挙で樽床伸二を破って勝利した菅直人を首相とする内閣だったが、7月11

日の第22回参議院議員通常選挙を直前に控えていた。

この参院選は、民主党にとっては与党として初の大型国政選挙、自民党にとっては野党として初の大型国政選挙だったが、菅に民主党をまとめる力はなかった。そして民主党は支持率を下げる中、現職閣僚を含む大物議員が落選し、特に勝敗を分ける1人区で8勝21敗と大きく負け越した。

それに対して自民党は、1人区で21勝8敗と大勝し、複数区でも2人の候補を擁立した東京都選挙区と千葉県選挙区で片方が落選した以外は全員当選し、公示前から13議席増の51議席を獲得して改選第一党となり、自民党凋落《ちょうらく》に一定の歯止めをかけることに成功。選挙後の参議院における議席数は民主党106議席、自民党84議席となり、民主党は参議院で過半数割れの状態となった。

それから8か月後の平成23（2011）年3月11日、日本は東日本大震災に見舞われた。三陸沖で発生したマグニチュード9・0の東北地方太平洋沖地震により、東日本は最大震度7の強い揺れと国内観測史上最大の津波に襲われ、被災した東京電力福島第一原子力発電所から放射性物質が漏れ出す深刻な事態になったのである。

災害時に力を発揮した野党・自民党

東日本大震災が起きた日、わたしは名古屋の市議会議員選挙の応援を終えて、新潟に向かおうとしていました、状況もつかめぬまま、とりあえず新潟に飛んだものの、会場にも被害が出て会合は中止となり、「東京に帰るように」という連絡を受けて、翌日の朝、大阪経由でなんとか永田町の自民党本部にたどり着きました。当初はとにかく、連日連夜、自民党本部では、トラック協会の全面的な協力を得て、孤立した地域に救援物資を届けることに必死になりました。民主党政府に問い合わせてもなかなか進まず、自民党として独自に動かざるを得ない状況でしたね。わたしの事務所にも、電話、メール、ファックスで様々な情報が寄せられてきます。それを分類し、党でできることは党で、政府にしかできないことは政府に伝えていきました。

発災後、すぐに出てきたのが瓦礫《がれき》処理や二重ローンの問題でした。膨大な瓦礫をどう処理するのか。あるいは震災で被害を受けた住宅を再建するために二重にローンを組まなければならない人もいる。そういう人のための救済措置が必要でした。

しかし、はっきり言って、当時、政権を担っていた民主党には現場のニーズを聞くシステムも、それを解決する知恵もありませんでした。そこで地震発生から5日後の3月16日には、自民党から「政府に対する当面の申し入れ事項」として、A4判何枚にもわたる項目を申し入れ、その後、与野党実務者協議の枠組みをつくって、自民党に集まる情報や解決策等をほぼ毎日上げていきました。さらに自民党は、「東日本巨大地震・津波災害法整備等緊急対策プロジェクトチーム（PT）」を立ち上げ、第一次から第三次までに、政府に対して577項目の提言を行い、「東日本大震災復興基本法案」と「津波対策推進法案」をはじめ、震災関連の法案11本を成立させました。

それらは政府が提出した形でしたが、ほとんどは自民党の提言に沿った内容でした。自民党がこうした動きを取れたのは、自民党が長く政権与党を務めてきたという実績があったからであり、阪神・淡路大震災などの過去の災害に対応してきた経験があったからだと言っていいでしょう。それにあの当時、自民党の議員たちは「民主党の手柄だろうがなんだろうが構わない。とにかく早く被災地を助けるんだ」という気持ちで一致していました。まさに自民党の底力を発揮したということだと思います。

再び総裁選に名乗り 鈴木哲夫⑩

その後、菅内閣は震災復興と福島原発事故の対応に追われることとなった。だがその対応のまずさに、国民ばかりではなく、民主党内部からも退陣要求が噴出し、菅は退陣を余儀なくされ、同年8月29日の民主党代表選挙では野田佳彦が選出され、平成23（2011）年9月2日には野田内閣がスタートした。

一方、自民党では、平成24（2012）年9月26日に、谷垣禎一総裁の任期満了に伴う総裁選が実施されることとなり、石破は名乗りを上げた。

この総裁選は〝近いうちに解散総選挙が行われる〟という前提の中で行われた。

実は、8月8日の第180回国会において、社会保障・税一体改革関連法案（消費税増税法案）の取り扱いを巡って、自民党の谷垣総裁、民主党の野田首相、公明党の山口那津男代表による三党党首会談が行われていたが、そこで「関連法案が成立したのち、近いうちに国民の信を問う」との合意が得られていた。

つまり、その総裁選で勝利した者が、次の総選挙の結果次第では首相の座に就くことになるという選挙だった。

このとき、石破のほか、林芳正、石原伸晃、町村信孝、そして安倍晋三が立候補した。そして、第１回投票で、石破が１９９票、安倍が１４１票、石原が96票、町村が34票、林が27票を獲得した。

だが、石破の得票数が有効投票数の過半数に達しなかったため、石破と安倍の２人による決選投票が行われ、安倍が１０８票、石破が89票と、約20票の差で安倍が総裁となり、石破は自民党幹事長の座に就くこととなった。

石破にしてみれば、それまでの政治家人生の中で最も自民党総裁の座に近づいた瞬間だったと言えよう。

その後、同年11月14日の国家基本政策委員会合同審査会での党首討論で、野田が「衆議院議員定数削減法案への賛同を条件に解散してもいい」と述べ、11月16日に開催された衆議院本会議で衆議院が解散され、12月16日に総選挙が行われることとなった。

この時期、日本はまさに政党乱立の状態となっていた。ざっと挙げても、民主党、国民新党、自民党、公明党、日本未来の党、日本共産党、社会民主党、みんなの党、新党改革、日本維新の会、新党大地、新党日本、幸福実現党などが候補者を立て、小選挙区と比例代表合わせて１５０４名が立候補を届け出た。

争点としては、民主党政権の実績、急がれる景気の回復のための経済政策、東日本大震災の復興の在り方、尖閣《せんかく》諸島・竹島を巡る領土問題と国防問題、環太平洋戦略的経済連携協定（ＴＰＰ）への参加の是非、消費税引き上げの是非、原発問題などが挙げられた。

選挙の結果は、自民党が公示前の議席から１７６議席を上乗せして２９４議席を獲得したのに対し、民主党は１７４議席減の57議席にとどまるという自民党の圧勝となった。

そして、12月26日の第１８２回国会において第二次安倍内閣（自公連立政権）が発足した。石破は野党時代に引き続き、幹事長として精力的に活動していくこととなったが、それは大変な苦労を伴うことだった。

たとえば平成25（２０１３）年５月19日、石破の姿は沖縄にあった。そのときの石破の動きを、当時の取材メモから書き起こしておこう。

＊　＊　＊

【那覇の夜（鈴木取材メモより）】

その夜、那覇市内の料理店で、自民党の石破茂幹事長らと自民党沖縄県連の翁長政俊会長ら県連幹部が向かい合って、酒を酌《く》み交わしていた。その席で石破がつぶやいた。

「いやあ、私たち3人は、いまや自民党内では〝リベラル派〟になってしまっているんですよ」

石破の横に座っていたのは中谷元と浜田靖一だった。3人はこの日、来たるべき第23回参議院議員通常選挙（平成25年7月21日）の自民党における公約を巡って、「米軍普天間基地の辺野古移設」を明記したい本部と「県外移設」を主張する県連との間で、公約を一本化する調整のために沖縄入りしていたのだ。

実は3人はいずれも防衛大臣経験者で、安全保障においてはむしろタカ派だった。その3人がリベラルとはどういうことか。翁長は訊《たず》ねた。

「安倍さんになって、それほど党内はタカ派色が強まっているということ？」

石破らは苦笑しながら、こう続けた。

「しかし、国政選挙でねじれるのはよくない。政権の日米外交への影響も大きい。翁長さん、なんとか考え直せませんか」

「幹事長のお言葉ですが、辺野古に移すと言っては参院選には勝てません」

もともと石破には、安全保障を根本的に見直し、米海兵隊の役割や地理的要件などを総合的に判断し、沖縄から県外への移設も含め、長期的に日本全体で受け入れるべきだという持論があった。県連と同じ思いがあったのだ。石破は、そうした長期プランを公約の文言に織り込むなどしながら、なんとか県連の歩み寄りを図ろうとしたのである。しかし、翁長はぴしゃりと断った。

「県民のほとんどが県外移設を支持している中で、それ以外の選択はありません。勝負にならない」

結局、話は平行線に終わった。

＊　＊　＊

翁長はのちに、私の取材に、胸の内を明かしてくれた。

「正直苦しい選択ですよ。自民党の一員として忸怩《じくじ》たるものがあります。（公約が）ねじれることでマスコミの批判もあるし、本部に迷惑もかかるかもしれない。でも、地方には地方の事情がある。この沖縄は、ずっとずっと常に基地問題が争点だったんですよ。安倍総理が辺野古移設明記をするというなら、もっと地ならしが必要だった」

県連の別の幹部はもっと辛辣《しんらつ》だった。

「安倍政権は、夏に参院選があることがわかっているのに、埋め立て申請をして年内決着などと発表したり、日米首脳会談で対米公約した。手順が逆。そうして動くというなら政権交代直後から我々と話を詰めて信頼関係をつくってほしかった。沖縄振興や地位協定見直しなどセットで進めるという手もあったのに」

これについては官邸の安倍側近議員もこう話していた。

「日米関係再構築に急いで取り組んだことは間違ってはいなかったが、官邸に『これだけ支持率も高い中で沖縄は納得するだろう』という甘い読みがあった。たとえば菅（義偉）官房長官が足を運ぶとかベテラン級をもっと通わせるとか、官邸自身が沖縄に入るべきだった」

そもそも選挙のたびに自民党内で中央と地方組織の公約や公認問題がねじれることは珍しいことではない。「年中行事みたいなもの」（党選対幹部）である。しかし、そのときの基地問題は深刻だった。

安全保障はいわば国の根幹の問題である。そこで政権与党と地方組織がまったく逆というのは、参院選後の政権運営にも影響を与えることになる。大きなポイントは、ねじれ公約のまま選挙が行われたとして、そのあとの処分などの対応だ。

「いくらローカルマニフェストといっても基本政策そのものが違ったことについては責任問題にしなければ党のガバナンスが失われる。じゃあ、沖縄県連をどう処するのか、また、もし沖縄で自民党が勝ってしまえばどうするのか。中途半端な対応でお茶を濁したら党内不一致をさらけ出しメディアも書き立てる。安倍政権の支持率にもマイナスに跳ね返る」(前出側近)

こうしたリスクに対して外務省OBは……。

「ここは毅然《きぜん》として沖縄県連を切るぐらいの態度を見せなければ、アメリカの信頼を再び失う。鳩山外交の失敗の二の舞いだ」

こうした問題は、実は、沖縄だけで起きていたわけではなかった。

たとえば原発問題は国のエネルギー政策だ。だが福島県連は「再稼動」に対して「反対」の姿勢を強めていた。

また、外交・通商分野で国の重要政策であるTPPを巡っては、表向きは公約のねじれにはなっていないものの、自民党の重要な支援団体のJA（農業協同組合）が東北や西日本で自民党以外の候補の支援を決める動きが出ていた。そうした選挙区に出馬する、ある自民党候補は「ミニ集会などでは『TPP反対』と言う」と口にする者もいたが、「今回ネット解禁され、各候補が場所場所で違うことを言っているのがアップされれば即アウト」（前出選対幹部）という状態で、「ただでさえ選挙が終わったら、族議員たちも黙ってはいないだろう。公約でTPPなど政府方針とのねじれを放っておくと、その族議員たちにさらに火をつけてしまう」（前出側近）という者もいた。

官邸と党本部は、「公約には政権の方向を書き切る」（党三役）と強い姿勢で臨んで地方組織のローカルマニフェストを再考させたいとしていたが、公約のねじれは、大勝ムードの自民党の落とし穴にもなりかねなかった。

その後、石破は、平成26（2014）年9月3日に成立した第二次安倍改造内閣で、幹事長を退任して地方創生・国家戦略特別区域担当大臣に就任した。

そのとき、石破はブログに次のように記していた。転載させていただく。

地方創生大臣就任のあいさつ

九月三日、自由民主党幹事長を退任し、国務大臣　地方創生・国家戦略特別区域担当を拝命いたしました。

二年近くにわたる幹事長在任中には、多くの皆様からご激励、ご叱正を賜り、誠に有り難うございました。厚く御礼申し上げます。

また、国務相就任にあたって頂きました多くのお祝いにも心より感謝致しております。今後とも何卒《なにとぞ》よろしくお願い申し上げます。

麻生内閣の農林水産大臣就任以来、六年ぶりに政府に入ったのですが、防衛庁・防衛省や農林水産省という出来上がった組織があり、連綿と続く政策を遂行してきた官庁をお預かりするのとは全く異なり、組織をこれから整備し、いままでの政策をすべて見直し、それなりの背景がある既得権益と各省庁の省益を排して新たな政策を立案し、短期的な効果も挙げつつ、中期的・長期的な視点で里程表も作成しておかなくてはなりません。

あたかも未踏の荒野を行くが如き状況です。

地方の衰退や、過疎化・高齢化の進行や、都市、なかんずく首都圏の過密と一極集中は、何も天変地異の如く近年になって急に発生したものではありません。いまの日本国の姿は、敗戦後長い時間をかけて形づくられたものであり、地方と第一次産業の潜在力を生かさないままに今日を迎えたのはある意味仕方のないことと言えるかもしれません。

過去、田中角栄内閣の日本列島改造論、大平正芳内閣の田園都市構想、竹下登内閣のふるさと創生事業など、卓越した構想もあったのですが、それらがどのようなものであり、その後いかなる経緯を辿《たど》ったのかも、この際検証してみる価値のあるものと思っております。

九月末にも召集されると言われている臨時国会に、地方創生関連の法案を提出したいと考えており、それまでにあまり時間は残っておりません。

地方創生を「都市対地方」「東京対地方」の構図にしてしまえば必ず失敗します。

さらに関係する省庁は国土交通、農林水産、経済産業、厚生労働、総務などだけではなく、ほとんどすべてに及びます。

「バラマキと重複は認めない」とは言うものの、「バラマキ」や「重複」の定義を明確にしなければその実効は叶いません。

あちらこちらの地方に出かける前に、落ち着いて自らの考えをよくまとめることが必要だと思っています。

（2014年9月6日「石破茂オフィシャルブログ」より）

地方創生大臣を拝命して見えてきた地方の底力

地方創生大臣になるまで、わたしは、自由民主党幹事長という役職でした。その後、国務大臣「地方創生・国家戦略特別区域担当」という役職を拝命しました。その経験もわたしにとって貴重なものとなりました。

地方創生大臣になって、意識の高い市長さんや地方組織の長の方々とお会いして、様々な話をさせていただく中で、東京にいてはなかなか知ることができない実情をお聞きして、「ああ、自分はまだまだ日本のことを知らなかったんだ」と愕然《がくぜん》とさせられました。

これまで日本は、大都市中心で成長してきました。たとえば、昭和30年代は電気冷蔵庫、電気洗濯機、白黒テレビという三種の神器を持つことがみんなの目標でした。昭和40年代はクーラー、カラーテレビ、車の３Ｃがそれに代わり、みんなが同じものを持つことが幸せでした。それは人口が伸びていたから。つくればつくるほど売れたし、高齢者人口もいまほど多くなかったから、政府も自治体も企業もうまく回り、経済も活性化したわけです。

でも、いまではそれがうまくいかなくなっています。企業が大都市に集中する一方で地方では産業の空洞化と過疎化が進み、どんどん疲弊しています。もちろん、それを黙って見ていたわけではありません。たとえば公共事業で農業や漁業、林業分野の雇用を確保し、所得を維持する努力もしました。また、金融緩和を推し進め、円安・株高という〝踊り場〟をつくって、なんとかデフレ感を脱することには成功しました。しかし、それはある意味「対症療法」であって、根本的な治療にはなりません。

ではどうするのか――。その解は、地方を再生し、地方のポテンシャルを最大限に引き出すことにこそあるのです。

回った自治体は300超

日本には、全部で1718の市町村（特別区を除く）があります。わたしはこれまでできるだけ多くの自治体に足を運んできました。多いときには1週間に4か所ほど回ります。それでも回れたところはまだ300市町村を超えた程度です。まだまだです。ときどき砂に水を撒《ま》いているような気分になることはありますが、それでも政治家として大事なことだと思っています。そして地方に出かける前には、必ず相当な下調べをしていくようにしています。スタッフにも調べてもらいますし、わたし自身も調べますから、合計6時間ぐらいはかけています。でも、調べてみると実に面白い！　たとえば、先日行った長野県の佐久市には「望月伝説（望月の駒）」というのがあります。

望月の殿様のところに姫が生まれた。同じとき名馬に仔馬ができた。めでたいめでたいということで、姫は馬に因《ちな》んで生駒姫と名づけられた。

成長した姫の美しさは京の都にまで伝わり、都に来るようにと命じられたが、姫は行きたくない。いやだいやだと泣いていたところ、時を同じくして馬も元気がなくなって臥《ふ》せるようになってしまった。

占い師が、「この馬は姫様を好いている。姫様が都に行くというので元気がなくなってしまった」と言うのを聞いた殿様は「馬の分際で生意気な」と烈火のごとく怒り、馬に対して「おまえが鐘の鳴る一刻（2時間くらい）の間に領地を3周回ることができたら、姫を都にやるのを諦める」と約束した。馬は頑張って、余力を残して3周目に入ったが、走り終わる直前に、鳴るはずがない鐘が鳴り、馬は絶望のあまり谷に落ちて死んでしまう。そして姫様は、馬の死を悼んで髪を下ろして尼さんになってしまいましたとさ……。

もう一つ、紹介しておきましょう。鹿児島県川内市《せんだいし》の「男竜女竜の伝説」です。

昔むかし、薩摩川内市の蘭牟田池《いむた》で、男の竜と女の竜が仲睦《むつ》まじく暮らしておりました。ところが男の竜は、霧島市の大浪池《おおなみ》に住むきれいな女の竜に思いを寄せるようになって、そこへ行ってしまいました。そんなこととも知らぬ女の竜は、何年も何年も「早く帰ってきますように」と、朝昼晩に陰膳をつくって待っていました。そのご飯が山となって「飯盛山《いいもり》」になりました。

ところが悪いことはバレるもんで、男の竜が霧島で別の女の竜と暮らしていることが知られてしまいました。「おのれ許せない」ということで、女の竜は地中深く、その霧島に向かって穴を掘って進んでいたのですが、間違って違う湖（住吉池）に出てしまい、力尽きてそこで死んでしまいました。それを知った男の竜が「俺が悪かった、許してくれ」と言ってももう元に戻りません。舟見岳、山王岳間の遊歩道に存在する巨岩「竜石《たついし》」は、その女の竜が姿を変えたものとされていますが、それを知った村人たちが夫婦の竜を再会させるために行った祭りが、現在も残る竜神祭の始まりとされています。

地方にはそんな伝説がいくつも眠っています。つまり、地方には地方の文化があり、そこで多くの人たちが生きてきた歴史があるということです。ところがわたしがそんなお話を講演会で紹介すると、地元の若い人たちは「この土地にそんな面白い話があるなんて知らなかった！」と言うのです。なんとももったいない話です。地方には地方の文化があり、生活様式がある。それは、地方が持つ伸びしろにもつながるものです。それを活用しない手はないでしょう。

たとえば、観光の四要素っていうのがあります。四季がはっきりしている。自然が豊かで美しい。歴史・伝統・芸能・文化・芸術が奥深い。酒と食べ物が豊かである。その四つをうまく活用すればいいのです。先の「望月伝説」が伝わる佐久市なんて、地酒の酒蔵だけで11もあるのです。覚えるのも一苦労です。でも、その酒蔵の社長たちと話をすると、いろいろ知恵も湧いてきます。

全国を回って、意識の高い市長や組織の長の方たちと話をすると、「確かに！」と賛同してくれる人は少なくない。そういう意味では、わたしは日本の政治家はもっと地方創生に目を向け、旗振り役に徹するべきだと思います。

確かに地方創生には時間がかかるでしょう。多くの知恵を出し合い、みんなで力を合わせる必要があります。政治家にしてみれば、すぐには票に結びつかない地味な仕事。でも、世界規模で変革が進むいま、東京にばかり目を向けていては日本の再生なんて不可能だということを忘れてはいけないと、わたしは思っているんです。

首相を目指すための石破派派閥「水月会」発足 鈴木哲夫⑪

平成27（2015）年9月28日、石破は、ついに自らの派閥である「水月会」を立ち上げた。

そもそも、平成25（2013）年1月31日、山本有二衆院予算委員長の呼び掛けで、鴨下一郎、浜田靖一ら、自民党内の無派閥の議員による「無派閥連絡会」がつくられていた。

石破は、請われる形で、平成26（2014）年9月30日、同会に合流して、10月2日には顧問に就任。平成27年9月8日に同会を解散し、同月28日に「水月会」としたのである。

私は、この水月会の設立こそ、石破の総裁選出馬への決意の表明に他ならなかったと確信している。ちなみに、本稿を執筆している平成30（2018）年4月現在、この水月会のメンバーは次のとおりだ。

【衆議院議員】山本有二、鴨下一郎、伊藤達也、田村憲久、後藤田正純、古川禎久、赤澤亮正、平将明、齋藤健、八木哲也、福山守、田所嘉德、神山佐市、冨樫博之、門山宏哲、山下貴司、石﨑徹

【参議院議員】舞立昇治、中西哲

この動きに、安倍首相に近い議員たちからは、次のような声も上がった。

「名を挙げるチャンスだった9月の総裁選には不出馬で、そして今度はいまから最大3年は安倍首相の総裁任期が続きずっと干される危険があるのに派閥を立ち上げて安倍さんに歯向かうとは……。遅いし、早い。石破さんはやはり政局カンがないなあ」

「石破さんも入れて20人。総裁選の必要な推薦人が20人だからインパクトという点からなんとか数は揃《そろ》えたが、実力者が少ない。本来参加すると言われていた小此木八郎氏、浜田靖一氏、小池百合子氏らは逃げた格好だ」

「保守本流のイメージとはかけ離れた『水月会』。意味はあるだろうが『水月』って旅館や料亭か」

だが、石破はこの日を1年前から決めていたという。石破の側近が言う。

「1年前の内閣改造で安倍首相は石破さんを安保担当相にしようとした。安保は石破さんのライフワークなのに、安倍首相は自分の安保政策に従わせ答弁させるなど封じ込めるのが狙いだった。これに対して石破さんはラジオ番組で幹事長以外は受けないと反旗を翻した。最後は結局挙党一致を優先させて、地方創生相を受けてしまったが、そのときから、常に首相を目指すための派閥を立ち上げるタイミングを図ってきていた」

そして、安保法制によって安倍政権の支持率が急落し、翌年（2016年）の参院選へ向けて早々に政局になる可能性も出てきたところで、「政権構想をまとめ、首相の座を目指す体制を早くつくっておくべきだと判断した」（前出側近）のだという。

だが、表向きは静観している安倍首相も石破派に対しては黙ってはいないと、自民党中堅議員が言う。

「安倍さんとそのお友達を甘く見てはいけません。かつて私や他の若手議員がメディアでほんの少し政権批判したことがあるんです。その直後に安倍さん本人や側近から圧力があり『選挙ではあなたを応援しないように組織団体に伝える』などとさんざん脅されました。権力維持というのはそういうものかもしれませんが、私のようなどんな小さな敵でも徹底して潰すのが安倍グループです。いま党内でリベラル派などみんなが黙っているのもそれがあるからです」

そうした安倍首相と周辺グループの習性から石破派への対応は容易に想像できると言う。

「そもそも安倍首相と石破氏はケミストリー（化学反応）が合わない。安倍首相は石破派の20人に役職を与えないなど徹底的に干し上げると思います」

ただ、石破とて、そう易々と軍門に下る程度の覚悟でもなかった。石破周辺からは、「今回はどちらかというと優柔不断だった石破氏が首相を目指すと言い切った。安倍首相と全面戦争の覚悟だった。政権構想をぶち上げて議論を吹っ掛ける」という意気込みが聞こえてきた。

石破は、平成28（2016）年8月3日まで、地方創生・国家戦略特別区域担当大臣の職を務めた。そして大臣として最後の会見で、石破は「自民党は多様な意見があることが大事。そのために自分がすべきことは何かという思いがある」と語った。そのときの気持ちを石破は次のように明かす。

自民党に求められているのは幅広い議論だ

繰り返しますが、わたしは「これからの日本創生のカギは、地方の活性化にこそある」と確信しています。それを実現するためにも、自民党内の雰囲気を改める必要があると強く思いました。それが、「自民党は多様な意見があることが大事。そのために自分がすべきことは何かという思いはある」という言葉になって出たのです。

前述したように、自民党は特定の勢力ではなく、幅広い国民を代表しているので、多様な意見を反映した党であるべきだと思います。しかし、いまの自民党には「逆らう奴はお手討ち」という雰囲気があって、幅広い議論が展開されているとは言えなくなっている。これは決して健全なことではありません。

もちろん、政権の足を引っ張るとか、政策の邪魔をするということではありません。むしろ政策を国民にご理解いただくためにも、言うべきことは言わないといけないと思っています。

振り返ってみると、かつての三角大福中（三木・田中・大平・福田・中曽根）の時代には激しい派閥の闘争はあったけれど、みんな総理になって立派な業績を残された。その後の安竹宮（安倍・竹下・宮沢）の時代にも権力闘争はありましたが、政策論争が中心だった。そしてそれを国民もしっかりと見ていた。

国民は、党内抗争は嫌うけれど、政策を戦わせることは決して嫌わないのです。国家国民のための議論を避けるのは、むしろ国民に対する責任を果たしていないことになります。それにしてもなぜ、様々な意見が出てこなくなったのか。

それは、小選挙区制度で執行部の力

石破氏は「多様な意見に耳を傾けるべき」と言う

が強くなりすぎた結果なのかもしれません。

わたしはもともと小選挙区制推進派です。

党の候補者は、公約と違うことを言ってはいけないという選挙制度にしたかったので、その意味では小選挙区制度はいまでも正しかったと思っています。一方で、小泉純一郎先生などは、小選挙区になると執行部の力が強くなりすぎると懸念しておられた。公認権も選挙応援のサジ加減もポストも執行部が握れば、イエスマンばかりになる、と——。

ある意味、それも正しかった。よくメディアは、「いまは、党に逆らえば公認もポストも与えない状況になっている」と指摘しますが、本当にそうなのかどうかは別にして、そうした小選挙区のマイナス面が雰囲気として出てきているということだろうと思います。

しかし、たとえばわたしの初入閣は当選5回時の防衛庁長官で、小泉内閣でした。前述したように、わたしは常に小泉先生とは相対する立場だったにもかかわらず、小泉総理は、それとは関係なくポストを決めた。これからも自民党はそうあるべきだと思います。

地方創生は引き続き重要な課題です。「一億総活躍」も、「働き方改革」も、いわば地方創生の延長線上にある政策の具体化です。

幹事長時代に、安倍総理に「最重要政策の地方創生をあなたに任せたい」と言われ、大臣をお引き受けした。ところが地方創生が具体的に動き出した頃、1年経ったら、今度は「一億総活躍」という看板が別にできました。それで「地方創生はどこかに行ってしまったのか」と思われた方も多かったと思います。

でも、「一億総活躍」は「地方創生」の成功なくしては実現できません。それを「地方版総合戦略」を真面目《まじめ》につくった多くの自治体の皆様にも伝えたいという思いがあって、後戻りしないところまではやりたいと、もう1年続けさせていただきました。それはそれで意味があったと思っています。

地方特有の農業、漁業、林業、サービス業を含む観光業にはまだまだ成長の伸びしろがある。それをいかに伸ばすかに日本の未来はかかっていると思います。

庶民的な親しみやすさが石破氏の魅力

第五章 「石破茂」の国家論

衆院選大勝後に囁かれる自民党の危うさ　鈴木哲夫⑫

平成29（2017）年は7月2日の東京都議選、10月22日の衆議院選と大型選挙が続いた。

都議選では小池百合子東京都知事の〈都民ファーストの会〉がブームに乗って大勝し、自民党は改選前の57議席から23議席に減らすという惨敗を喫した。それに対し、安倍首相は支持率を大きく下げる中、9月28日に衆議院を解散、第48回衆院選に打って出た。

この選挙で安倍首相は、「再来年（2019年10月）の消費税増税分の使途変更」や「北朝鮮問題への圧力路線」「憲法改正の是非」について国民の信を問うとしたが、結果は追加公認3人も含め、284議席を獲得。公明党と合わせた与党議席は313議席となり、憲法改正の発議に必要な310議席（定数の3分の2）を得た。しかし、この結果をもって自民党安泰と言う人はいない。

なにより自民党の勝利は、選挙直前に「希望の党」を立ち上げ、自ら代表となって選挙に臨んだ小池の「排除発言」による失速があったからだった。

都議選での都民ファーストの会の勢いに、最大野党だった民進党からは離脱者が続出し、９月１日の代表選で代表となった前原誠司は希望の党との合流交渉に入ったが、「排除発言」があったのはそのさなかのことであった。

彼女が民進党からの合流組の一部を「排除いたします」と笑いながら答えたことに多くの国民は違和感と反発を覚え、希望の党の勢いは一気に逆風へと変わった。

一方、民進党内部は大混乱に陥り分裂状態となって、前原に代表選で敗れた枝野幸男が10月２日に「立憲民主党」を結成した。

そんな状況で臨んだ衆院選で、希望の党は２３５人の候補者を擁立したものの、選挙前の議席を下回る50議席に終わり、小池は代表を辞任し、都知事に専念すると宣言せざるを得ない状況に追い込まれた。また、立憲民主党は第二党に躍り出たものの、獲得した議席数は追加公認を含め55議席にすぎなかった。

その結果が自民党の大勝だったのだ。自民党の大勝は、つまり「他に選択肢がない」という状況の中で生まれた結果であり、国民は必ずしも安倍首相を支持したから、自民党に入れたわけではなかった、ということだ。

その証拠に、時事通信が実施した世論調査（2017年12月8～11日）によると、安倍内閣の支持率は前月比2・8ポイント減の42・6％、不支持率は同1・0ポイント減の36・1％となった。また、内閣を支持する理由（複数回答）は、「他に適当な人がいない」18・8％、「リーダーシップがある」12・6％、「首相を信頼する」10・5％の順で、支持しない理由は、「首相を信頼できない」21・0％、「期待が持てない」16・5％、「政策が駄目」12・1％などとなった。

この数字は、選挙前から問題となっていた「森友学園」「加計学園」などの問題について、国民がまだまだ不信感を抱いており、安倍政権が決して盤石ではないし、いつ政権交代が起きるやもしれない危うい状況にある証拠とも言えよう。また自民党内部で、若手を中心に「安倍一強体制」に対する不満が大きくなりつつあることも前述のとおりである。

私が石破の総裁選出馬を疑わない理由はそこにある。いまの政治に対する不信や不満は、まさに噴火直前のマグマだまりのようになっている。その圧力が否応《いやおう》なく、石破を総裁選出馬へと向かわせるだろう。

石破に、日本がどうあるべきか、まず経済問題を聞いてみた。

「日本の未来について政治家として考えるべきことは山ほどある」

日本経済をどう考えるか

日本はいま、大胆な金融緩和を行っています。金融緩和政策は、多くの先進国でも行っていることですが、問題なのは、いまのところ個人消費に結びついてきていないということです。

そもそもいま、日本で実施されている金融緩和は、民間金融機関（銀行や証券会社など）が持っている国債を日本銀行（日銀）が買って、その代金を各民間金融機関が持っている日銀の当座預金口座に払い込むという形で行われています。マネタリーベース（日本銀行券発行高＋貨幣流通量＋日銀当座預金）が増えればそれだけお金の価値が下がり、円が安くなる。そこで動くのが投資家です。日本の株式の売買の7割は外国人投資家によるものですが、これまで100ドル出さなければ買えなかった日本の株が80ドルで買えるとなると、日本の株を買う。その結果、株価が上がっていく。安倍首相が推し進める「アベノミクス」で日本の株価が上がっているのは、ごく簡単に言えば、金融緩和政策が成功しているということです。

しかし、それだけでは「めでたし、めでたし」とはなりません。せっかく大量のお金が市中に流通するような環境を整えたのに、銀行は積極的な貸し出しをしていないし、企業がお金を借りて設備投資や人材育成をするに至っていない。何よりの問題は、賃金が上がらないことです。

多くの企業や銀行が、リーマンショック以来の不況を経験してきただけにとても慎重になっていることには理解はできます。しかし企業収益が過去最高水準と言われる中で、賃金の上昇が見られないのには、構造的な問題があるのではないかと言わざるを得ません。賃金が増えなければ、個人消費が増えないのは当然です。これから先は、どうやったら働く人の収入が増えるかについて政策を集中させる必要があります。そしてその一つのカギとなるのが、生産性の向上です。

日本の大企業は、その多くがグローバル市場で世界を相手に頑張っている企業です。ここでは生産性は極限まで引き上げられ、最近ではＡＩやロボットの導入も進み、更なる生産性向上が図られています。しかし地方の企業や中小企業においては、必ずしも生産性向上のための努力が極限までなされているとは言い難い状況にあります。特にサービス業において生産性が低いと言われているのはそういうことです。

これは、裏を返せば、地方の企業、中小企業、観光などのサービス業や六次産業化した農林水産業と食品加工業においては、まだまだ伸びしろがあるということに他なりません。ですから、今後の日本の経済政策は、地方創生でやってきたことと密接に結びついていくのです。もう一つ、私が地方創生大臣を拝命していた間にずっと取り組んでいたこととして、どうやったら起業を増やすことができるか、ということがあります。

いま、地方への移住が徐々に増えてきていますが、中心となる若い人たちはそこで新しくビジネスを始めてくれています。既存企業の雇用を増やすことも重要ですが、新しく始まるビジネスが増えれば、当然雇用も増えますし、GDP（国内総生産）も増えていきます。さきほどグローバルで世界を相手に戦う企業の話をしましたが、実は日本の雇用もGDPも、その大半を担っているのは中小企業です。「企業再生のスペシャリスト」として有名な経営コンサルタント、冨山和彦さんの言を借りれば、「グローバル企業」に対する「ローカル企業」ということですが、このローカル企業、ローカル経済こそが、我が国の今後の経済の核となっていくはずです。

そこでは当然、地域の金融機関の活躍が期待されます。いま、単純な金利競争による収益の確保が困難な状況になってきたからこそ、地域の中小企業やベンチャー企業の価値を高めるためのコンサルティングを中心とする持続可能な新たなビジネスモデルをつくっていっていただきたい。

よく「それは東京に集積したヒト・モノ・カネを地方にばらまくということではないか」というような誤解をされる方がいますが、まったく逆です。

東京はすでに、激烈な世界的都市間競争にさらされています。東京のライバルは大阪でも名古屋でもありません。それはシンガポールであり、上海、香港、クアラルンプール、台北、ソウル、そしてドバイ、ロンドン、ニューヨークなどです。これに勝ち抜くためには、東京はオールジャパンのグローバルパワーを結集しなければなりませんし、外国人人材や外国からの投資も積極的に受け入れていく必要があります。

そして、この都市間競争に勝ち抜くためにこそ、地方の経済が自立し持続可能となり豊かになっていく必要があるのです。グローバルで戦う人材と、ローカルを盛り立て支えていく人材には、違う能力が求められますし、実はローカルにおいて必要とされる人材のほうがはるかに多いのです。

「ローカル」「地方」というと、「東京以外」だと思われる方もまだ多くおられます。しかし、東京の中にも「ローカル」「地方」があります。観光地としての東京の魅力は、この東京の中の「ローカル」が担っているのです。

いま、政府も生産性革命ということでいろいろなことに着手していますが、このように日本全体を視野に入れ、規制改革などの構造改革も含めて加速化させていくことが必要です。

医療と介護の未来

戦後、日本は国民みんなで頑張って経済復興を果たして、世界有数の豊かな国を築き上げてきました。それはまさに世界中が「奇蹟《きせき》だ」と称するほどの成長ぶりでした。しかし、高度経済成長期を終えて30年以上経《た》つにもかかわらず、あらゆるシステムが成熟期に適したものにはなっていないのが現状です。

我が国の財政支出の中で飛び抜けているのが社会保障給付費（編集部註：年金や医療、介護などに要する費用。病院の窓口で支払う利用者負担などは含めない）です。いまの社会保障給付費は１１５兆円です。国の歳入は１０２兆円ですから、単純に言えば、いまの日本国家が賄える規模を超えていることになります。このうち年金については はマクロ経済スライドを導入していますから、それなりにコントロールのできる体制にありますが、このままの医療、介護の支出を続けることは、持続可能性があるとは言い難いということです。

おそらくみんな、そんなことは薄々わかっていると思います。しかし、いつまでも知らん顔をしているわけにはいきません。

２００９年の社会保障国民会議は、きちんとしたデータを国民に示し、年金の設計について国民に問いかけました。いまこそ私たちは、医療・介護についても、その支出の内容とそれを賄う方策について、事実に基づいたデータを国民に示し、いくつかの選択肢を明確にしたうえで、何を選択するかを真剣に国民に問うべきだと思います。

方策は大まかに言って二つあります。一つは社会保障費を負担していただける方を増やすこと。もう一つは社会保障費をスリム化することです。

こういうと、「税金を増やすのか」あるいは「医療や介護を受けにくくするのか」

という批判をされる方がいますが、実は医療と介護の世界は成長産業でもありうるのです。

いまの高齢者の方は、昔に比べてずっと若くてお元気です。１９７０年代と比較すると、だいたい20歳くらい若くなっていると言われます。つまり70年代の50歳は、今でいう70歳くらいということです。

若々しく元気でおられる方は、社会にも必要とされていますから、定年制に縛られることなく、ジョブ型雇用でご本人の意思のある限り働き続けていただければ、その分、社会保障費自体もスリム化されますし、費用の一部を負担していただくことにもなります。

また、いままで担い手の主役として登場していなかった主婦の方々も、ジョブ型雇用が進み、テレワークが進めば、結婚後、子育て後も自宅や短時間などで働いていただくことができます。

地方都市の在り方として「コンパクトシティ」の推進が言われていますが、これも一歩進めて「歩いて健康　幸せなまちづくり」つまり「スマートウェルネスシティ」に取り組む自治体も出てきました。これは生活圏を徒歩圏とすること、徒歩圏に楽しいショップを多く配置することで、「歩いて楽しいまち」をつくり、健康寿命を延ばしていくまちづくりですが、これも新しい形の社会保障を進めていくことにつながります。

日本版ＣＣＲＣ（Continuing Care Retirement Community：生涯活躍のまち）づくりも全国各地で進んでいます。これは早めにサラリーマンを卒業され、地域の中で今までの知見を活《い》かしながら第二の人生を送っていただく中で、地域活性化、地域の学びなど多くの新たな役割を若年シニアの方々に担っていただくものですが、これも高齢者、学生、障がい者など地域の多くのプレーヤーがそれぞれに活躍することが前提です。

成長産業としての医療や介護をどのように伸ばしていくか。まずは世界に冠たる国民皆保険制度を堅持していく。これが診療報酬の世界です。しかし医療も介護もサービス産業ですから、より快適な環境、よりおいしい食事、あるいはマッサージやネイルなど美容サービスに含まれる部分も、加えていくことができます。これは診療報酬の外の世界です。このフリンジベネフィット（企業が給与以外に個人に与える利益、福利厚生など）の部分で医療や介護を成長産業化し、儲かった部分で診療報酬内のサービスや研究開発費用を賄っていく。

また、医療の周辺には製薬や医療機器といったビジネスもあります。こういった分野も併せて成長産業化していけば、日本の医療モデル、介護モデルはそのまま輸出することもできるようになる。いま、インバウンドの中で医療ツーリズムも始まってきていますが、そのサービスをシステムとして外国の方に教育し、あるいは外国に日本由来のサービスを創るということもできるようになっていくでしょう。

しかし、このような体制を創っていくには、いわゆる縦割りやいままでの分野の垣根を乗り越えなければならず、多くの関係者の方々との話し合いが必要です。最初は嫌われるかもしれない。でも、たとえ総スカンを喰らっても、その〝嫌な役割〟を誰かがやらないとならない。

わたしは、たとえ嫌われても、その役割のいくらかでも担わなければならないと心に決めています。

それをやらなければ政治家として生きている意味がない。

政治家生命を終わるときは、自分なりに納得して終わりたいと思っています。

有権者にこれからの日本の在り方を訴える石破氏

北朝鮮の脅威の前で日本はどうあるべきか 鈴木哲夫⑬

いま、日本は北朝鮮の核とミサイルの脅威に晒《さら》されている。

アメリカのトランプ大統領はその北朝鮮に対して、数々の挑発的な発言を繰り返し、軍事行動に出る可能性も高まっている。もしそんなことになれば、日本はおろか、東アジアは大混乱に陥り、計り知れないダメージを受けることになるだろう。まさに北朝鮮情勢は、目の前にある危機となっている。

では、いざというときにアメリカが日本を全面的に守ってくれるのか。とてもそうは思えない。トランプ大統領は、平成29（2017）年11月に初来日したときも、「日本は日本独自で自国を守れ」とばかりに武器を売りつけていった。また、アメリカ国内には日本に核武装させるべきだという声も上がり始めている。

そんな中、石破の発言が大きな波紋を呼んだ。

石破は、日本の核政策について、「有事の際、アメリカの保有する核兵器を使う権限を持つ〝ニュークリア・シェアリング（国家間における核の共有）〟も含めて議論をすべきだ」という考えを示したのだ。石破の主張は、次のようなものだった。

「NATO（北大西洋条約機構）は核をどんなときに使い、どんなときに使わないか、また持たない国がどう関与するか、実務レベルでも閣僚レベルでも常に議論している。だから抑止力が働く」

「核抑止力をどう働かせて国民を守るのか考えるのが政治の責任だ」

つまり、ミサイル防衛の強化や国民保護と合わせて、核政策についても議論することが必要だと主張し、さらに非核三原則についても「核の傘で守ってもらうと言いながら、日本国内に置きませんというのは抑止力として十分なのか」として、見直しも含めて議論をするべきだという考えを示したのだ。

これに対して、「石破は核容認論者だ」という批判の声が上がった。だが石破は、「政府が国民の財産と生命を守るためにはどうあるべきか論議するのは当然のことであり、それが政治家としての責任だ」と言う。その真意を聞いた。

「非核三原則」を国是とした日本

わたしが「ニュークリア・シェアリング」をはじめとする核戦略について発言したのは、何も今回が初めてのことではありません。

ずいぶん以前から、欧州のニュークリア・シェアリングをはじめとする核戦略について論じてきたつもりですが、これまでまったくと言ってよいほどに反応はありませんでした。それが急に話題になったのは、北朝鮮の核実験やミサイル実験が立て続けに行われ、アメリカのトランプ大統領が強硬な姿勢をとるようになった結果、米朝の武力衝突がいよいよ身近な問題として認識されるようになってきたからでしょう。

本来このようなテーマは、平時に冷静な環境の下で論じられるべきなのですが、いつものことながら、日本という国は、危機が顕在化してからでなければ議論が具体化しない。この点は誠に残念なことだと思います。

さて、のちにノーベル平和賞を受賞することになる佐藤栄作氏が、昭和39年（1964年）に総理大臣になったとき、アメリカ政府に対して、日本の核武装を口にしたことがあったことをご存じでしょうか。

中国が最初の核実験を行ったのは昭和39年10月16日、まさに前回の東京オリンピックの開催中でした。このオリンピックに「中国」として参加したのは中華民国（台湾）であり、当時「中共」と呼称されていた中国は国際的にも広く認知されず、日本との関係は極めて悪かったと記憶していますが、その「中共」が大会の真っ最中に核実験を強行したのです。

そのとき、北京政府の毛沢東共産党主席が「パンツをはかなくても核を保有する」と言ったという話が伝わっています。正しくは、当時の陳毅外相が「ズボンを質に入れてでも核を保有する」と述べたものが、毛沢東の言葉として伝えられたようですが、いずれにせよ日本は、中国の強烈な意思を感じ、危機感を抱くこととなりました。

当時、池田勇人氏の後を受けて総理に就任する直前だった佐藤栄作氏は、この件に関して「日本も核を持つべきだ」と考え、訪米を前にライシャワー駐日大使に対して「日本は核を持つ！」と宣言したのです。

しかし、終戦からまだ20年しか経《た》っていないこの時点で、アメリカがそれを許すはずはありません。結局、昭和40（１９６５）年1月に総理大臣として訪米した佐藤氏は、ケネディ大統領が暗殺された後を継いで大統領となったリンドン・ジョンソンとの首脳会談で、核武装論を取り下げる代わりに、「日本が防衛のためにアメリカの核抑止力を必要とする場合、アメリカはそれを提供する」という約束を取り交わし、そのときに「非核三原則」というものが出来上がったのです。

それからもう50年以上年経ちました。中国はいまや国連常任理事国の大国であり、北朝鮮は何をやるかわからない。この状態の中で、「非核三原則」を「国是」としたまま、まったく議論も検証もしなくて日本は安全ですか、ということです。

日本が考えるべき核抑止体制

フランスのド・ゴール大統領は「同盟は共に戦うものだが、決して運命を共にするものではない」と述べ、アメリカの強い反対に遭いながらも核を保有しました。イギリスではチャーチル首相がアメリカから原潜の建造技術と核の製造技術を譲り受けて核を保有しました。そして、ドイツ、イタリア、オランダ、ベルギーは、現在でもアメリカの核戦力が配備され、その使用についてはアメリカとそれぞれの国が権利を持つという「ニュークリア・シェアリング」の道を選んでいます。それに対して日本は、相変わらず「持たず、つくらず、持ち込ませず」を国是としている。検証した結果、大丈夫だというのならいいでしょう。しかし検証もしないで「国是だから」で終わるようなことは、あってはならないことだと思っています。

国際的な枠組みとしての核拡散防止には、NPT（核拡散防止条約）があります。しかしそのNPT体制も、「核のアパルトヘイト」と呼ばれるように「米・露・英・仏・中の国連安保理常任理事国の5か国だけが核を保有できる」「インドやパキスタンのように〝やったもの勝ち〟である」などという様々な不公平さがあります。

日本がそれでも尚、これに加盟し、強く支持するのは、「唯一の被爆国である日本が核を保有すれば連鎖的に多くの国が核保有を望むだろう、どの国も核を持つという世界はいまよりも悪い」との考え方に基づくものです。

また、それに加えて日本が核を保有することは、ウランの輸入や使用済み核燃料の再処理を可能としているアメリカやフランス、カナダなどとの二国間協定の破棄をもたらして原子力エネルギー政策の根幹が揺らぐことになりますし、そもそも核実験をする場所など日本のどこにもなく、極めて非現実的と言わざるを得ません。

一方、北朝鮮の「米・露・英・仏・中は特権を有し、インドやパキスタンにも核保有が許されているのに、なぜ北朝鮮には許されないのか」という問いに正面から答えるのは意外と難しい。

現在の核保有国が「他国の庇護《ひご》のもとにあることを潔しとせず、民族として自立する」という価値観のもとに核を保有しているとすれば、金正恩委員長がたとえば中国に対して「貴国と同じ政策をとっているのになぜ我々を非難するのだ」というのも、ある意味筋が通っていることになりかねません。

そもそも、「自国の体制を守るために核を保有することは認められない」という理屈は、答えになっているようでなっていないということです。「人権を無視し、特異な独裁体制を持つ国の核保有は認められない」というのでしょうが、それも「では人権を尊重する民主主義国なら核保有は許されるのか」という問題にすぐ行き着いてしまいます。

だからこそ「全面的な核保有禁止なのだ」と訴える人も少なくありません。しかし、それは理想論です。いますぐできることではありませんし、現実的ではありません。そこに至る道筋は困難極まりないもので、唱えていればいつかは叶《かな》うというものではないのです。つまり、どのように考えてみても、「核を使用しても効果はなく所期の目的は達せられない」という拒否的抑止力（ディナイアル・ケーパビリティ）を高めるほかに、現実的な手はないように思われます。

とりあえず、日本にとっては、北朝鮮がミサイルを発射した直後に迎撃する能力を高めること、つまり防衛力の増強が一つの解となりうることであり、急務でしょう。「脅威」とは能力と意図の積だと言われます。「能力」を持ち、迅速な意思決定が可能な国は、我が国周辺に複数存在しています。

そうした国から「意図」を軽減するのが外交であり、その重要性は極めて高いものですが、それだけでは安全保障は十分ではありません。

いざ何かあったときのために備えをしておくことが、結果的に相手に侵略などの行動を思いとどまらせることになる。これを抑止と言いますが、これも含めた防衛力整備は主権国家における政府の役割なのです。かつて日本の首相がソ連の中距離核ミサイル「SS-20」を知らず、世界を驚かせたのは40年近くも前のことですが、「持たず、つくらず、持ち込ませず」の非核三原則に加えて「議論もせず」の四原則を、周辺情勢が激変したいまも堅持することで平和が保たれると信じておられる人が、この日本には未だに多いことに改めて驚愕《きょうがく》しています。いつまでもこんな思考不徹底の言論空間を続けている余裕など、いまの日本にはないはずです。

政軍関係を考える

もう一つ指摘しておきたいのは、日本人が「政治と軍隊は違う論理で動くものだ」ということを忘れているということです。軍隊は、常にトップダウンであって、民主主義の基本理念であるボトムアップとは違うシステムで動いており、軍隊の論理と民主主義社会の論理はその本質において相反するものを内在しています。だからこそ「シビリアン・コントロール」という概念が重要になるのです。

本来、軍隊は「国家の自衛権」から直接に導き出される国家の機関ですから、いわゆる「立法・行政・司法」という三権の枠外にあります。ゆえに、軍隊に対する民主主義のコントロールは、立法、行政、司法のすべての面からなされる必要があります。

そして軍隊はその国家における最強の実力集団で、警察が束になってかかっても敵《かな》わない力を備えています。また軍人は当然ながら、強い正義感と使命感を持つように育っていきます。だからこそ、多くのクーデターが「こんな政府は許せない」という国民の側に軍隊が立つことで発生し、最強の実力集団であるがゆえに政府を転覆させることもできるのです。

そもそも「一般社会の論理」と「軍隊の論理」は違います。普通で言えば傷害罪や殺人罪に問われるような行為も有事ではそうではなくなります。日本でもいわゆる有事法制において、有事の際の自衛隊の行動規定が整備されましたが、ここから先が問題です。各国の軍隊は「ネガティブリスト」、すなわち「やってはいけないこと」のみを規定し、それ以外は自衛権行使の範囲内であればすべて認められるという法形式をとっています。軍隊の作用はすぐれて対外的なものですから、軍隊を規定するのは基本的には国際法規・国際慣例のみとなります。しかし、日本の自衛隊は「軍隊」ではないがゆえに、「行政権」の一部とされており、法形式も「ポジティブリスト」つまり「やっていいこと」の羅列となっています。

ところが、急迫不正の武力攻撃を受けて、それに対して「必要最小限度の実力行使」を行う自衛隊は、国際的に軍隊に認められている諸権利や諸義務を適用されることになるのです。ですから、厳密に考えれば、その「ポジティブリストの国内規定」と「ネガティブリストの国際規定」の間に、解釈しきれない事象が起こることがありうるのです。そうなった場合、現在の体制のままでは、事後的に国内法たる「刑法」で訴追される可能性も排除されないのです。国民を守るために敵を倒した自衛官が、殺人や傷害で起訴されることもありうる、ということになってしまいます。

だからこそ、憲法改正をする際には、自衛隊が国際法上の「軍隊」であることを明確にし、その上で立法・行政・司法の三権からのコントロールを明記しなければならないと考えるのです。先ほどの司法の例で言えば、最高裁判所を終審として、軍隊の論理に精通した「軍事裁判所」を設置する、というのがその解でしょう。

また、立法府におけるコントロールは、法律や予算によるものに加えて、具体的な防衛力のあり方や運用についても行われなければなりません。ところが日本では、自衛隊の「制服組」すなわち自衛官が国会で質問に答えるということがありません。先進諸国において、そんな国は日本以外にはないでしょう。

行政府によるコントロールは、文民である総理大臣が自衛隊の最高指揮官であるということの他に、当然ながらその運用等についても所管の大臣たる防衛大臣が把握し、適宜最高指揮官たる総理を補佐することが求められます。「私は素人」と堂々と言ってしまうような方が務めてはいけないのです。

自民党が平成24（２０１２）年に出した憲法改正草案は、このような点も突き詰めて考えて出されたものでした。これをベースにもっと議論が深められることを切に望みます。

主権独立国家とは何か

いま、日本人のほとんどは「日本は独立した主権を持つ国家だ」と認識しているでしょう。それはそのとおりですが、その実態について、あるいは「主権独立国家とは何か」ということは、しっかり考えるべきだと思っています。

わたしも一応、法律学科の出身です。小学校でも中学校でも高校でも大学でも、「国民主権」については教わりましたが、「国家主権」とは何かについては教わった記憶がありません。

国家主権とは何かというと、それは「領土、国民、統治機構」の三つを指します。

たとえちっちゃな島一つでも失う国は、やがて領土すべてを失う。国民1人の生命を守れない国は、やがて国民の生命すべてを失う。中央政府であれ、地方政府であれ、その国の統治はその国民が行う。この三つが国家主権の三要素であり、これらは外国に指一本触れさせてはならない。これらを守ることが国の独立を守ることであり、そのために存在するのが軍隊である。そういう世界で当たり前のことを、日本ではきちんと教えていないのです。

現在の日本国憲法は、日本が占領下にあるとき、つまり主権のない状態でつくられた憲法です。だから国の主権を守るために必要な軍隊の規定がないのも、国家の緊急事態に一時的に行政権にすべてを集中させるための規定がないのも、ある意味当然です。だから「独立したらイデオロギーと関係なく、独立国家にふさわしい憲法をつくろうね」という思いがあったはずです。ところが戦後、憲法問題は次第に「触れてはならないもの」になってしまった。

昭和20（1945）年の敗戦のときは仕方がなかったかもしれない。昭和21（1946）年の憲法公布のときも仕方がなかったかもしれない。でも、それがいまも続いている。それが果たして、「主権独立国家」として在るべき姿ですか？　日本は本当にこのままでいいのですか？　ということです。

「被占領国」時代の桎梏《しっこく》から脱するべきだ

まだ記憶に新しいと思いますが、平成29（２０１７）年11月5日に、アメリカのトランプ大統領が初来日したとき、トランプ大統領は羽田ではなく、大統領専用機エアフォースワンで横田の米軍基地に降り立ちました。

およそ歴代のアメリカ大統領でそんなことをしたのは彼が初めてです。そしてトランプ大統領は、巨大な星条旗が掲げられた演台に立って、約２０００人のアメリカ兵を前に演説しました。「ＵＳＡ」の大合唱が起きたその場には、日本の自衛隊員たちも並んでいました。

もちろん、時期的に北朝鮮へのメッセージを意識し、日米同盟が軍事同盟であること、隣国日本にこれだけの強大な米軍が常駐していることをアピールする意図があったのはわかります。

しかし横田基地にせよ、嘉手納基地にせよ、我が国の領土を「条約上の義務」として米国に提供していることを、決して「当たり前」と思ってはならないのです。

前述したように、「領土」は国家の三要素の重要な一つであり、本来であれば外国に指一本触れさせてはならないものです。

これを日本は「集団的自衛権が行使できない」ことを理由に、「条約上の義務」としてアメリカに差し出しています。

しかし、だからといってこれを当たり前と思ったり、あまつさえアメリカ国内ではやらないような超低空飛行を許したりしてはならないのではないでしょうか。

日米地位協定の問題もここにあります。

世界中で米軍基地を受け入れている国は多くありますが、管理権まで米軍に委《ゆだ》ねている国はほとんどありません。アメリカは日本の存在がアメリカの役に立つかぎり日本に駐留するでしょう。しかしそれを無条件で受け入れる必要はないはずです。

本当の意味で持続可能な同盟関係は、お互いの義務と権利がバランスしていなければなりません。そういう文脈からも、わたしは、日本は集団的自衛権の行使を全面的に可能とするべきだと言っているのです。

それが、真にインディペンデントな〝主権国家としての在り方〟を取り戻すための一つの施策だと思っています。

集団的自衛権論議について

いま、安倍政権のもとで憲法改正が進められようとしています。

まず前提として、現行の日本国憲法は、先ほど述べたとおり日本に主権がない間にGHQ（連合国最高司令官総司令部）が作った憲法だということがあります。

これをもって「押しつけ憲法」という言い方をする人もいますが、国内法に時効の制度があるように、たとえ違法な行為だったとしても、その権利を一定期間以上行使しなければ法的関係は確定します。

そういう意味では、日本は昭和26（1951）年にサンフランシスコ講和平和条約に署名し、主権を回復したときに憲法改正を行うべきでした。それをせず、ほったらかしにしていたのだから、日本国憲法が違法だとか、違法じゃないということは、あまり意味のある論議とは言えないでしょう。むしろ現行憲法を前提として、いかにいまの日本にふさわしいものに変えていくかを徹底的に論議すべきです。その論議の中で大きな争点となっているのが憲法9条です。

日本の現行憲法は第9条で戦争放棄を掲げ、「陸海空軍その他の戦力」の保持を否定していますが、その一方で日本政府は「日本を守る必要最小限度の実力」を備えた組織として自衛隊を保有するに至りました。

そもそも、国家の自衛権には「個別的自衛権＝自国が攻撃をされた場合に、それを排除する権利」と「集団的自衛権＝自国と密接な関係がある国が攻撃をされた場合に、それを自国に対する攻撃とみなして、被攻撃国と共にその攻撃を排除する権利」があります。そのいずれも国連憲章第51条によってすべての国に認められた「自然権的権利」です。これに対し、政府は長年にわたって、「憲法9条の解釈として、集団的自衛権の行使はできない」と言ってきました。

安倍政権は平成26（2014）年の閣議決定で、それまで憲法解釈で「行使できない」としてきた「集団的自衛権」の行使を一部容認し、平成27（2015）年にはこれに基づいた平和安全法制を成立させました。

少し詳しく言うと、憲法は「急迫不正の武力攻撃に対する必要最小限度の実力行使」は認めている、と政府はずっと解釈しています。この「必要最小限度」をもって、以前は「個別的自衛権のみを認めている」としていたものを、「集団的自衛権であっても、そのまま放置すれば我が国に重要な影響を与える事態に限っては、必要最小限度の自衛権に含まれる」という解釈に変更した、ということです。

しかし私見としては、集団的自衛権の問題は、〝憲法の問題〟ではなく〝政策判断の問題〟だと思っています。なぜなら日本国憲法のどこにも「集団的自衛権を認めない」とは書かれていないからです。憲法に「集団的自衛権の行使を禁じる」と書かれているのであれば、当然憲法の改正が必要でしょうが、どこにも禁止規定が書かれていないのですから、ロジカルに考えれば、「憲法上許される自衛権行使」の内容は政策的に判断し、立法措置を経れば十分だといえるのではないでしょうか。

わたしと安倍総理との考え方の違い

集団的自衛権行使を憲法上認められないから、日米安全保障条約はいわゆる普通の同盟の「お互いに守り合う」という形にはなっていません。アメリカは日本を守る、日本はアメリカに領土を提供する、というのが条約の双務性の核です。しかし前述したように、自国の領土を、アメリカの望むように使わせるという姿は、決して主権国家としてあるべきものではありません。もちろん集団的自衛権行使を前提としなくても、在日米軍基地を可能な限り共有化し、我が国に管理権を取り戻す、というような外交努力は常に必要ですが、現状のままで仮に、沖縄でも青森でも横須賀でも、米軍機が落ちて多くの犠牲が出たら、日米安保体制自体が大変な危機を迎えることになるでしょう。日本側には領土を提供していることに不満があり、アメリカ側には人的貢献をしていることに不満がある、そういう同盟は不安定さを内包していることに気づくべきです。

もちろん安倍総理もこのような現状は十二分におわかりです。わかったうえで、「現段階では、現状の枠組みのまま、アメリカとの同盟関係を強化することこそが日本が生きていく道であり、日本国のためなんだ」という判断をされているのです。

しかし、わたしはやはりもう一歩踏み込みたいと思っています。たとえば、グアムに海上自衛隊の恒常的な基地を作り、そことの関係で「日米地位協定」を相互的なものとして見直したらどうか。集団的自衛権を全面的に行使できるとしたときの日米安全保障条約のあるべき姿はどういうものか。ここまで考えたいと思ったからこそ、平成26（２０１４）年に防衛大臣兼安全保障法制担当相を打診いただいたとき、お受けすることができなかったのです。

もしお受けして、「石破大臣、あなたは本当に、これ以上の集団的自衛権の行使は憲法上認められないと思っていますか」と国会で野党に聞かれたら、「内閣不一致」となって内閣にご迷惑をおかけしてしまう。そういう選択はできませんでした。

もちろん、わたしは憲法改正推進派です。戦後70年以上が経って、世界の情勢も大きく変わってきた中で、一度として改正されずにいるということのほうが異常でしょう。世界の中でそんな国は日本だけです。

ただ、改正するならば主権者たる国民が読んだだけで理解ができるようなものでありたいと思っています。今の第9条を読めば、普通はあらゆる軍事力を放棄していると思うことでしょう。書いていないから自衛権は認められるとか、それは必要最小限度であるとか、そんなことは読んだだけではわからない。そういうものが国で最も大切な法規であっていいのでしょうか。

主権者である国民が一読しただけで理解できる、外国の人も訳したものを読んだだけで理解できる、そういう憲法を国民の手に取り戻したい。これがわたしの偽らざる気持ちです。

石破氏の「安倍一強体制」への反乱が始まった 鈴木哲夫⑭

「安倍一強政権」が揺らいでいる。その大きな要因は自民党内で「ポスト安倍レース」が実質上、始まっているからだ。平成29（2017）年6月のこと、ある5回生議員はこう話してくれた。

「潮目が変わったという感じです。その原因は多分に安倍首相の言動です。加計学園問題での首相答弁は国民受けしない。私の支援者も『もう少し謙虚にできないか』と言っています。それと憲法改正問題が党内を揺るがしています。安倍首相は『憲法改正して2020年に施行する』と発言しました。これは、首相の在任期間は20年までと宣言したと受け取られた。となると、〝ポスト安倍〟を狙う面々が、どんどん表に出てくる。不穏な空気が流れています」

「一強政権」が長く続けば、権力は謙虚さを失い傲慢になりがちだ。国民から乖離《かいり》することもある。「一強」を生んだのは、野党のだらしなさもあるが、自民党内で切《せっ》磋琢磨《さたくま》がないことも要因だった。

森友学園の国有地払い下げ問題や加計学園の獣医学部新設問題で、安倍首相の「妻」のみならず、「腹心の友」と言うべき存在が浮上すると党内が揺れ始め、自民党のベテラン議員ですら、「人事支配や高い支持率をバックに安倍首相には何も言えない」と、本音を口にするようになった。

それに加えて改憲問題だ。安倍首相は、党内手続きや行政と立法の境界線を越え、「9条の1項、2項はそのままで、3項に自衛隊という文字を書き込む」などと私案を公言した。

9条改憲は石破が専門的に取り組んでいた分野だ。防衛庁長官就任以降、自衛隊を誰よりも研究したとの自負がある。6月6日に行われた党憲法改正推進本部の幹部会合で、石破はこう吠《ほ》えた。

「5年前の草案の扱いはどうするのか。9条の2項を変更して国防軍を保持と明記した草案と（首相の発言は）明らかに違う！」

同本部には安倍首相に近いメンバーが新たに加わり、睨《にら》みを利かせていたため、そのとき石破をフォローする意見は出ず、孤立感が漂った。だが石破は、一歩も引かなかった。会合後、「草案は侃々《かんかん》諤々《がくがく》の議論の末に党議決定した。それを掲げて国政選挙を戦っている」と語り、石破系議員に「徹底して議論をやる」と宣言した。

さらに安倍首相への石破の発言は続いた。加計学園問題では、政府批判を展開した前川喜平・前文科省事務次官について人格すら否定する官邸に対して「事務方のトップにいた方が、ああいう発言をするということは、それなりの意義、意味がある」と記者団に語ったほか、テレビ番組では「(前川氏の人格批判は)スキャンダル系の話で、コトの本質が歪《ゆが》められている。我が政権が事務次官に登用した人ではないか」とも語った。だが私は、そうした石破の言動は「ポスト安倍」に向けて密《ひそ》かに準備を進めてきた上でのものだったと思う。石破派の中堅議員は次のように証言した。

「石破氏は昨年（2016年）夏に首相の要請を断って閣外に出た。これは完全に反主流派宣言です。私たちの計算では、閣外に出ることで何かコトが起きたらメディアは必ず石破氏に批判的なコメントを取りに来る。露出は圧倒的に多くなり、石破氏の考えや存在感を示せると考えた。実際、そのとおりになった。加計学園問題にしろ、森友問題にしろ、まさにそうでしょう」

私が「だが、石破氏には党内の応援団議員が少ないのでは」と問うと、「全国を徹底して回り、地方創生を基本にした構想も本にまとめた。各地で車座集会を開くことで、総裁選で最も大切な地方党員票につなげている。地方票が動けば、それに支えられている国会議員も動かざるを得ない」（前述の中堅議員）という話だった。

一方、ポスト安倍として名前を挙げられている、宏池会を率いる岸田文雄外相は、憲法9条について「いますぐ改正することは考えない」と記者団などに語っていた。「安倍首相からの禅譲の可能性も探っているだけに、岸田氏は首相に厳しく言えない。だが、森友問題で内閣支持率も下がるようなことになれば、一層、石破氏らを意識して、リベラル派を自負する岸田氏も積極発言を始めるだろう」（石破派議員）と言う。

こんな中、石破は一体どんな国家像を描いているのだろう。真正面から「総理大臣を目指しているのか」と聞いてみた。

政治家が忠誠を誓うべきは国民だ

わたしは総理大臣になりたくて政治家をやっているわけではありません。政治の仕事は半端なものじゃありません。妻も子どもたちも、また親戚やわたしのスタッフも、みんな日々、苦労を積み重ねながら、政治家としてのわたしを支えてくれています。

周囲の犠牲の上で成り立っている仕事なのだから、やっぱり、この国に何かきちんとしたものを残したいと思います。もっとお利口さんに立ち回れないのかとは、よく言われますけどね（笑）。

自民党は国民政党ですから、保守とはいえかなり政策的には幅があります。その中で異論を闘わせながら法律や予算を仕上げていくのが本来の自民党の姿だと思います。しかし時として、自民党が国民から離れてしまう、あるいは離れてしまったと思われることがある。その大きな原因の一つは、ここまでにも述べてきたように、国会議員の「ポスト欲」なのだと思います。

「大臣病」とも言われますが、とにかく一度大臣になりたい、まるでそれが人生の目標であるかのように思ってしまう。これはある意味仕方のない部分もあります。なぜなら地元の支援者、応援してくれる人たちが望むからです。「うちの先生はもう当選6回なのに、なぜ大臣になれないんだろう」と地元の人たちに思われてしまうと、当然本人もそう思い始めることでしょう。そしてそういう人たちは、出世のためには幹部の言うことに迎合しなければならないと思ってしまうかもしれない。自分が信じることを「本来こうあるべきだ」と説くことが難しくなっていく。

石破氏は「政治家が忠誠を誓うべきは国民である」と断言する

わたしはたまたま小泉純一郎総理のおかげで若くして大臣になることができましたし、いろいろな方のおかげで選挙にも恵まれています。「閣僚歴も党役員歴も重ねているから、そんな理想論を言えるんだよ」と言われることもあります。確かにそうかもしれません。

だから、「政治家となった以上、大臣を目指すんだ」という生き方を決して否定はしません。それは人間の性《さが》としても当然で、「出世欲」という意味では普通の会社でもあるわけですからね。だけど政治の世界においては、あくまでもそれは目的ではなく手段であってほしいという思いがあります。

ある政治ジャーナリストから、こう言われたことがあります。

「石破さんね、総理は会社でいえば社長なんだから、その命令は絶対だよ」

言った方にしてみれば、「石破さん、自民党だって組織なんだから、総裁に忠誠を誓いなさい」という親切心だったのでしょうが、わたしは、それは違うと思っています。

我々が究極的に忠誠を誓うべきは国民であって、自民党本部ではないからです。

だからこそ、地元で聞いた声や国民の声を党内で徹底的に議論して、自民党と国民の距離を近づける努力を、わたしたちは常にしなければならない、と思っています。

わたしは保守だけど右翼じゃない

わたしは時として「右翼だ」と言われます。

しかし、わたし自身は「保守だけど右翼ではない」と思っています。

たとえば歴史は科学であり、それを探求するのはとても大事なことだと思っていますが、一方で「国の数だけ正義はある」とも思っています。

北朝鮮には北朝鮮の正義があるだろうし、韓国には韓国の、中国には中国の、アメリカにはアメリカの正義がある。また、いずれの国も「自国第一主義」になるのは当然のことでしょう。だからこそ国家同士の戦争が起きるとも言える。それはこれまでの歴史が証明しています。

そうした歴史に学ぶとき、一つだけはっきりしていることがあるとすれば、それは「負ける戦争をしてはいけない」ということでしょう。

もちろん、「太平洋戦争は正しかった」「日本は神の国だ」という考え方を持っている人がいてもいいし、逆にそれを徹底的に否定する考え方の人がいてもいいと思います。

しかしわたしは、そういうイデオロギー論争に走るより、皇室を尊び、国を愛して、家族を大切にして、地域社会を大切にするという、そういう〝空気〟を大切にしたいと思うんです。

そういう意味では、民族主義者ではないし、日本の歴史すべてを肯定するわけでもない。「自分は保守だけど右翼じゃない」と言っている理由はそこにあります。でもこう言うと、右からも左からも、中途半端とか、裏切り者だと怒られるわけです(笑)。

日本は本当に「国民主権の民主国家」なのか

父は、わたしにいろいろなことを教えてくれる人ではありませんでしたが、ときどき、「この本を読め」と言って渡してくれることがありました。

中学1年生のときには、吉村昭の『戦艦武蔵』と『零式戦闘機』を渡されましたが、あれはもう完全な反戦小説でしたね。

大学に入ると、清水幾太郎のいろいろな政治批評や田中美知太郎の政治論集『市民と国家』なども渡してくれた。その『市民と国家』の中に、「日本に国民主権はない」という評論がありました。

市民革命以前、ネーションステート（国民国家）は存在しませんでした。封建制の時代は、領主が勝手に戦争を始め、勝手に戦争をやめ、勝手に税金を決めて取り立てていました。そんな中、領民たちは「王様、お願いですから戦争なんかやめてくださいまし」とか「王様、お願いでございますから年貢はこんなに取らないでくださいまし」などと懇願するしかありませんでした。

市民革命というのは、この戦争の意思決定と税金の在り方、どうやって税金を集めて、どうやって税金を使うか、これを市民が決めるようにするために起こったものです。

そして国民主権というのはそこから生まれた概念なのです。だから主権者たる国民は、自らが為政者なりせばどうすればいいか、と考える人でなければならない……。そういう内容でした。

その本が書かれたのは昭和58（1983）年のことですが、その中に、「日本の有権者は、税金はまけろ、社会保障は充実しろ、公共事業はもっとやれ、というだけで、〝自分が為政者なりせば〟ということをまったく考えてない。そんなものは主権者ではない」というようなことが書いてありました。

本の解説などしてくれる父ではありませんでしたが、わたしは、「民主主義社会って怖いものなんだなあ。主権者たちが、自ら為政者なりせばってことを考えることができて初めて民主主義社会といえる。それを考えることができなければ、それは民主主義社会ではないってことなのか」と考えました。

そしていま、思うのです。

「日本は本当に国民主権の民主国家と言えるのか」と――。

しかしわたしも、民主主義の要諦としての国民主権と、それを守るための国家主権がいかに大切なものであるかを考えるようになったのは、国会議員になってからでした。そういう意味では、わたしももう還暦ですが、国民と国家の在り方に正解はない、ただ常にベターを追い求めるべきだ、ということなのかもしれません。

民主主義の怖さを知ろう

民主主義というと、なんだかすごくバラ色の、「みんなの思うとおりに政治がなりまーす」みたいなイメージがありますが、決してそうではないのです。

いまの日本では、政治がまるで他人事になっています。選挙の投票率の低さを見ても、本当の意味で国民主権が成り立っているかについては大いに疑問があります。しかし、国民が政治に無関心だからと言って、政治家が国民に無関心であって良いはずがありません。たとえ最初はまったく聞く耳を持ってくれなかったとしても、我々が一生懸命国民に語りかければ、いつかは聞いてもらえる、わたしはそう信じています。

たとえば、いまの憲法改正論議についても、最後は国民投票で決められることなのですから、少なくとも自民党として「このような改正が望ましいと思う」ということを根強く国民に語りかけていかなければならないと思っています。後世、「なぜ、あの時代に誰ももっと論議しようよって言わなかったの？」「なぜ、政治家たる者が誰ひとりとして、そんな決め方はおかしいって言わなかったの？」と言われるようなことは、絶対に避けなければならないと思っています。

昭和53（1978）年に、「栗栖統合幕僚会議議長事件」というのがありました。中曽根康弘総理のときで、栗栖弘臣さんは自衛隊制服組トップの統合幕僚会議議長でした。その栗栖さんが『週刊ポスト』のインタビューで、「現行の自衛隊法には穴があり、奇襲攻撃を受けた場合、首相の防衛出動命令が出るまでは動けない。なので、第一線の部隊指揮官が超法規的行動に出ることはありえる」と発言して問題となった事件です。

結局、栗栖さんはその発言が原因で、当時の金丸信防衛庁長官に解任されたのですが、栗栖さんは本当のことを口にしただけでした。

マスコミは一斉に「自衛隊、いざとなれば超法規！」「文民統制に反する」などと書き立て、その後もタブー視され続けた有事法制がやっと整備されたのは、わたしが防衛庁長官を務めていた平成15（2003）年、小泉純一郎政権のときのことでした。ちょうど自衛隊創立50周年の節目であり、歴代統合幕僚会議議長が防衛庁長官室においでになりました。

そのときわたしは、栗栖さんと2人だけで防衛庁長官室で話をしましたが、栗栖さんは「石破さん、やっとここまで来ましたね」と言われました。

それから数か月後、栗栖さんはお亡くなりになりました。栗栖さんが統合幕僚会議議長の座をかけて提起した問題は、20年以上を経て、やっと認められたのです。わたしは政治家もそんな気概を持つべきだと考えています。

自民党を変えたい！

ここまで何度も述べてきたことですが、わたしは、自民党は「国民政党」であって、決して「イデオロギー政党」であってはならないと思っています。

国民政党とは、「特定の階級の利益を代表するのではなく、国民全体の利益を代表する政党」、あるいは「支持基盤を広く国民各層に求める政党」です。自民党の綱領の範囲内で右から左までいろいろな人がいて、論議を重ねていく。それこそ自民党のあるべき姿です。

もし、いまの自民党に「本当にこれでいいんですか」と声を上げる人が少なくなっているとすれば、それは「安倍一強だから、まとまっていていいことだ」とは言えない危うさを含んでいることになると思います。

安倍政権は、平成29（２０１７）年9月28日に召集された臨時国会冒頭で、所信表明演説を行わずに衆院を解散しました。戦後3度目のことでしたが、わたしはやはり議論してこその国会だと思いましたし、せめて所信表明は聞いてからのほうが、選挙の意義も明らかになったのではないかと思いました。

ただし、いま、自民党以外に期待できるところがあるかというと、残念ながらありません。だからわたしは自民党を変えたいと思っているのです。

ある意味、自民党は〝いい加減〟な政党です。そのいい加減さはまず他の党には真似《まね》できない。しかし、長年にわたって政権を担ってきた実績や、野党に転落したときの反省も活《い》きていて、そういう意味ではとてもタフな政党だし、政権を担う力を持っている。ですから、実は自民党に代わる党をつくるというのは至難の業なんですよ。

自民党は特定の勢力を代表する党ではない。労働組合に立脚しているわけでもないし、共産党のようにイデオロギーに賛同する人たちに立脚しているわけでもない。

だからそもそも多様な意見があるのは当たり前で、自民党はそれを反映した党であるべきです。

最近の自民党をずっと見ていると、ＭＢＡを取った方とか、アメリカの大学をいくつも出た方とか、そういう優秀な人材がいっぱい増えている。これらに加えて、我々自民党は、国民の心にどうやって沿っていくかを考えなければいけない。国民に迎合するのとは違います。でも国民の意識とかけ離れちゃいけない。結局、寄り添うこと、そして国民を説得するということ、両方が必要なんです。

福田総理が、何度か仰《おつしや》っていたことがあります。

「石破君、ここにいると誰もほんとのこと言ってくれなくなるんだよ」

総理大臣という仕事は、それに耐えて、国民のために全身全霊を捧《ささ》げるということなのだろうな、と思います。

あとがき

2020年の東京オリンピック・パラリンピックまでは、経済も世の中の空気もなんとかムード先行で引っ張れるかもしれない。しかしその後、日本は大きく後退局面に入るという予測が各界各層から出始めている。

相変わらず「高度成長の夢よ、もう一度」といった印象が強い安倍政権の政策の方向感は誤ってはいないだろうか。

そうした中、平成28(2016)年8月の安倍内閣改造で、石破地方創生大臣は、安倍首相の打診を断り、あえて閣外に去った。その理由は、「次期首相へ向けての準備」であることは明らかだったが、石破は「2020年以降」に、誰よりも「危機感」を抱いていた。私は、その当時から次期首相の有力候補の1人に数えられていた石破に聞いた。

――ポスト2020年は、日本は大変な状況になる。政治の準備が必要なのではないか。

「〝祭りのあと〟ってそういうものです。昭和39（1964）年の東京オリンピックのあとも冷え込んだ。今度はそれどころではないくらい深刻です。少子高齢化はどんどん進む。人口はいま1億2700万人ですが、西暦2100年には5200万人……。半分ですよ。一体どうなるのか。

そして東京一極集中をなんとかしなければなりません。国交省によれば世界の主要都市の中で、東京は危険度ランキングで断トツ1位です。地震の可能性や構造物の問題、過密度。そこに、さらにヒト、モノ、カネが集まっている。この東京の危険度をどう避けるのか。こうしたことから、地方にこそ目を向け、地方の経済の潜在力を引き出し、東京から地方へと人が移り住んでいくことが必要になってくるわけです」

――石破さんが「地方創生プロジェクト」を進める理由は、そこにあるのか？

「実はこれまでも、田中角栄の日本列島改造、大平正芳の田園都市国家構想、竹下登のふるさと創生と、歴代政権はみんな地方に重きを置いてきたんです。しかし、それらはどれも、『できたらいいなあ』という感じで失敗しても危機感がなかった。なぜなら高度成長期だったからです。でも今回の地方創生は違う。失敗したらもうあとはない。人口減は止まらない、東京一極集中を本当に止められるのか。相当な危機感を持たなければならない」

――これまでの地方政策との違いは？

「これまでは、日本全国どこにも同じような町をつくってきたんですね。地方を支えてきたのが公共事業と企業誘致。道路、下水道、空港、港湾を公共事業で整備し、企業誘致ではビジネスモデルも同じもの、つまり大量生産で繊維や自動車をつくる。そうやってどこも同じような町になり、それが高度成長はとうに終わって、どこも同じように冷えてきたんですね」

――地方もそうした「国がやってくれる」というスタイルに慣れてきた面もある？

「そうなんです。地方から大挙して霞が関や永田町に来て、額の大きな事業をくださいと陳情合戦をしてきましたね。

でもわたしが地方創生担当大臣になってやったのは、一括交付金を使うということでした。使い道も権限もその町に任せますと。その代わり何をやるかはその町自身が考えて決めるんだと。

それは、それまで国からの公共事業や地方政策に頼っていた地方にとっては厳しいことなんです。知恵や努力が必要で失敗したら自らの責任になる。でも、地方にはその町しかわからない発想や潜在力がある。霞が関ではわからないんですね。そうした地方の潜在力を発揮してこそ本当の地方創生になる。そうした政策の精神を生かしている町と生かしていない町がありますね」

——地方に向かって、考えろなどと厳しさを求めた政治家はいないのでは。

「わかってくれる首長もたくさんいますよ。この前、高知県佐川町に行ったんですが、ここは町長が東大の建築学科を出た方。それまで町の総合計画をつくっても誰も読まない。そこで誰が読んでもわかるようにと、中高生にも一緒になってもらって、自分たちのつくりたい町を議論して書かせたんですね。これは、なんとかいい人口対策を打ち出したいと考えていた町長ならではのアイデアですよ。子どもたちに対して、君たちが計画した町をつくるために帰ってこい。

町によっては東京のコンサルタント会社に丸投げしているところもあるようですが、そうじゃないんですね」


――地方創生のためには、発想の転換が必要ということか？


「地方の持っている潜在力をしっかり見極めて、それをいままでにない発想でどう生かすかということです。

たとえば農業。日本ほど土と水と日照に恵まれている国はない。なのに、輸出で見れば1位はアメリカ、2位はオランダ。日本の農産品は世界でいちばん安全でおいしいのに……。じゃあ世界で売らなきゃ。アメリカでおいしい果物を食べたことがありますか。地方の農産品を世界で売るためにはどういう流通経路をつくればいいのか、もっと考える。

次に漁業。日本の漁業は衰退しています。日本の海岸線は長い。これまで漁業は、たくさん獲ってたくさん売る、『親の仇《かたき》と魚は見たときに獲れ』なんて言われていたが、いまや発想の転換が必要です。モデルと付加価値を考え直すということです。

いい例は、いま羽田空港ビルのど真ん中で、全国から羽田に午前8時に着く飛行機に、全国各地で朝いちばんに獲れた魚を乗せて運んできて、それを市場を通さずに空港の寿司屋や飲食店で出している。もちろん空港の外でも流通させて夕方には東京の消費者も満足しておいしい魚が食べられる。つまりたくさん獲る、たくさん売るのではなく、1匹の値段を高くして付加価値を付けるということ。地方で漁業をやっている人はこれに参画して年収1000万円ですよ」

——国はどう臨むべきか？

「林業でこんなことがあります。実は日本では、個人の住宅は別だけど、大型の建築物で木を使っているところがほとんどないんですね。ところがCLT（クロス・ラミネイティド・ティンバー）というヨーロッパで開発された新しい技術がある。合板を重ねて、張り合わせていくんですが、これが引っ張り合って強い素材になるんです。木造でありながら地震にも強いし耐火性も強い。これまで林業は林野庁、建物は国交省と縦割りだったが、この二つの役所に内閣府で横串を刺して、このCLTで木造の公共建築物をつくろうと。わたしも地方創生大臣のときに省庁の横断を一生懸命やりました。地方に対して発想の転換を求めるだけではなく、国も地方創生へ向けて発想を転換し縦割りなどを変えていかなければなりませんね」

――地方と言えば、観光・サービス業も主流ですが、最近では客が来ないなど衰退も懸念されているが。

「神奈川県秦野市に『陣屋』という由緒ある名旅館があります。でもリーマンショック後経営が大変なことになった。そんな中、跡を継いだのがメーカーに勤めていた技術者だった。メーカーの目から旅館業を見て驚いたそうです。従業員がどこで何をしているかわからない。そこで、まず従業員みんなにタブレット端末を持たせて、いちばん大事なお客さんとどう接しているか管理したそうです。

また、宴会のたびにお客さんが残す料理は決まっているらしい。これを出すな、処理代を落とせと。最も画期的なのは365日営業が当たり前の旅館業で週休2日にしたことです。これで従業員さんたちのモチベーションを上げてサービスの内容も上げた。業績急回復だそうです」

──地方のサービス業も、発想の転換があればやれる。

「さらに地方の潜在力として期待しているのは商工会議所ですね。行政だけがやってもダメなんです。

経団連は大企業の経営者ですが、商工会にはその地域事情を知り尽くしているからこその地域にしかない発想や潜在力が必ずある。たとえば経団連の中にも、ある企業の場合、新入社員を東京一括ではなく地域ごとに採用して、しかも東京とその地方の給与に差がないという企業もある。東京から地方に人材が移り住めるようにしようというのです。しかしそれは例外的です。地元に根付いている商工会が、俺たちが変えようという意識で頑張ってほしい。日本の歴史を見てください。都《みやこ》が国を変えた例はない。国を変えたのは地方の人たちなんです。普通の民間企業は自らを変えないと潰れるから変わろうと努力します。でも、官庁や、民間でも大企業などはなかなか変われないんですね」

──いま、政治がやるべきは、そうした「地方創生」を政権構想としてまとめることではないか？

「もちろんそう。1年ごとに地方創生、一億総活躍、働き方改革と看板を掛け替えてもやるべきことは決まっているんじゃないでしょうか。

確かにオリンピックまではなんとか持つでしょう。大事なのは、それまでに地方の潜在力の種をどれだけ蒔《ま》くかということです。

大胆な金融緩和や機動的な財政出動なんていつまでもどこまでも続くはずはないし、いつまでも金利ゼロが続くはずはない。

地方は言っていますよ、俺たち金利ゼロでも何の得もしていないと。日銀と金融機関と政府でお金を回してもいつまでも続くはずがないんです。発想を変えてやらなきゃならない。そして、地方は伸びしろはたくさんある。オリンピックが終わって、あれが日本の最後の輝きだったね、などと言われないようにしなければならない」

——これを実現するために首相を目指すということ？

「首相は目的じゃないんです」

――手段？

「こんな国をつくりたいというのがあって、それを実現するために、じゃあ首相なのかということでしょう。

わたしは、地方が新しい日本をつくる、そして東京の負荷を減らしていく。そんな国にしたいと思っています。

地方はみんな違う。それぞれに、生活があり経済があり文化がある。ひと言で北海道と言っても179の市町村がある。そこに暮らす人たちと、どうすれば地方が国をつくっていけるかとことん話していきたい。

これからの日本は夢みたいなことばかり言ってはいられないと思うんです。消費税も上げなきゃいけない。社会保障だって持続可能にするためには考え直さなきゃならない。

でもそうした厳しい国の仕組みにしていかなきゃならないときに、国民から『あの政府の言うことなら、あの首相の言うことなら』と思ってもらえることが大事なんだと思います。

わたしは、地方創生を通じて、その地域に暮らす人たち、頑張ろうという地方の人たちが、共感し納得してくれる存在を目指したい。ある意味、いまの華やかな政治のあとに必要なものはそういう政権や政治だろうと思っています」

鈴木哲夫

未来に夢を持ち、目標を掲げることは政治の大事な要素だ。しかし、少子高齢化がとどまるとは思えない。1人ひとりの幸福感も価値観も違う多様な時代に入っていく中で、かつての日本が目指した「産めよ育てよ」も「高度成長」も「ひたすら働き生産性を高めること」も、もはや望めないのではないか。いま政権維持のために、そうした未来の現実に危機感を抱くことなく「一億総活躍」や「ひとづくり」へと目先を変えて、あたかも明るい未来は可能だと誘導されてはいないか。

石破が提言する、ポストオリンピック、ポストアベノミクスなどの議論は、総裁イコール首相という2018年秋の自民党の総裁選の場で、これまで安倍政権が掲げてきた政策を検証し、深掘りするためにも、国民の前でぜひ披瀝《ひれき》すべき議論だと思う。石破が「地方創生」をキーワードとする厳しい未来へ向けた政権構想を熱く語ることに期待したい。

石破氏を取材する著者

●著者プロフィール
鈴木哲夫（すずき・てつお）
1958年生まれ。早稲田大学法学部卒。ジャーナリスト。テレビ西日本報道部、フジテレビ報道センター政治部、日本BS放送報道局長などを経て、2013年6月からフリージャーナリストとして活動。長年にわたって永田町を取材し、与野党問わず豊富な人脈を持つ。近著に『政党が操る選挙報道』（集英社新書）、『最後の小沢一郎』（オークラ出版）、『ブレる日本政治』（ベスト新書）、『安倍政権のメディア支配』（イースト新書）、『誰も書けなかった東京都政の真実』（イースト・プレス）、『戦争を知っている最後の政治家 中曽根康弘の言葉』（小社）『くまモン知事 東大教授から熊本県知事に転身した蒲島郁夫の決断力』（伊藤典昭氏との共著、小社）『シン・防災論―「政治の人災」を繰り返さないための完全マニュアル』（講談社）など多数。テレビ、ラジオの報道番組でコメンテーターとしても活躍している。

増補版 石破茂の「頭の中」

2018年5月30日　初版第1刷発行
2024年10月29日　増補版第1刷発行

著　者　**鈴木哲夫**

写真協力　石破茂事務所、共同通信社、幸田森
編集協力　河野浩一（ザ・ライトスタッフオフィス）
装　丁　黒岩二三
本文デザイン・DTP　笠井克己（ザ・ライトスタッフオフィス）
校　正　桜井健司（校正事務所コトノハ）

発行者　**石川達也**
発行所　株式会社 **ブックマン社**

〒101-0065　千代田区西神田 3-3-5
TEL 03-3237-7777　FAX 03-5226-9599
http://www.bookman.co.jp
ISBN978-4-89308-980-9
印刷・製本　**プリ・テック**株式会社
